GUIDE DE VOYAGE DANS LES DOLOMITES

Votre compagnon ultime pour dévoiler des vues à couper le souffle, des aventures, les meilleurs sentiers, les escapades alpines et un riche patrimoine

Joseph S. Witt

Droits d'auteur © Joseph S. Witt, 2024

Tous droits réservés. Aucune partie de cette publication ne peut être reproduite, distribuée ou transmise sous quelque forme ou par quelque moyen que ce soit, y compris la photocopie, l'enregistrement ou d'autres méthodes électroniques ou mécaniques, sans l'autorisation écrite préalable de l'éditeur, sauf dans le cas de brèves citations incorporées. dans des critiques critiques et dans certaines autres utilisations non commerciales autorisées par la loi sur le droit d'auteur.

Toute responsabilité, que ce soit pour négligence ou autre, découlant de l'utilisation ou de la mauvaise utilisation par le lecteur destinataire de toute politique, méthode ou directive incluse dans le présent document relève uniquement de la responsabilité du lecteur. L'éditeur ne sera en aucun cas tenu responsable de quelque manière que ce soit des dommages ou pertes directs ou indirects résultant de l'utilisation du matériel inclus dans le présent document.

Gratitude

À toi, mon respecté voyageur,

Je vous suis tellement reconnaissant que je ne peux même pas commencer à exprimer à quel point je vous apprécie alors que je m'assois pour écrire cette note de remerciement. Nous sommes honorés que vous ayez décidé de voyager avec notre guide de voyage des Dolomites pour explorer l'une des régions les plus belles de la planète. Cela signifie pour nous que vous ayez choisi de découvrir les magnifiques Dolomites avec notre manuel en main.

Mon intention initiale en commençant ce guide de voyage était de faire découvrir à d'autres touristes la beauté à couper le souffle et les trésors inconnus des Dolomites. J'ai toujours eu une place particulière dans mon cœur pour les Dolomites, c'est pourquoi j'ai voulu créer une ressource qui capture les merveilles et la majesté de cette région extraordinaire en plus d'offrir des informations utiles. Votre achat est une déclaration que vous avez liée à cette vision, et je l'apprécie énormément.

Les Dolomites, avec leurs sommets majestueux, leurs vallées luxuriantes et leurs communautés alpines pittoresques, sont une destination de voyage pas comme les autres. Ce site classé au patrimoine mondial de l'UNESCO propose de nouvelles découvertes passionnantes à chaque détour. Les Dolom*ites offrent quelque chose à tout le monde, que v*ous soyez un randonneur passionné, un photographe passionné ou quelqu'un qui recherche simplement la paix et la tranquillité en plein air. Il est extrêmement satisfaisant de savoir que votre aventure inclura notre guide.

Ce guide a été un travail d'amour à créer. Pour que votre voyage soit aussi agréable et enrichissant que possible, chaque élément a été soigneusement abordé, de la planification minutieuse des sentiers de randonnée à la recherche des meilleurs restaurants et options d'hébergement locaux. Votre confiance dans nos conseils et analyses valide tous nos efforts et notre engagement dans cette initiative.

Nous pouvons changer, nos idées peuvent être élargies et des souvenirs inoubliables peuvent être créés grâce aux voyages. Je souhaite sincèrement que vous viviez l'inspiration, le bonheur et des moments de sérénité pendant que vous explorez les Dolomites. J'espère que le guide s'avérera être un allié digne de confiance, vous aidant à trouver et à vivre des événements qui changeront votre vie.

Votre soutien signifie une relation entre nous plutôt qu'une simple transaction. Cela indique que vous appréciez les connaissances, les anecdotes et les conseils que nous avons rassemblés et que vous pensez qu'il est important de parcourir le monde avec détermination et curiosité. Et pour cela, je suis très reconnaissant.

De plus, je voudrais exprimer ma gratitude pour toute contribution que vous pourriez avoir. Nous ne saurions trop vous remercier pour vos expériences et vos idées, qui nous permettent de continuer à nous améliorer et d'offrir les meilleures ressources aux prochains touristes. N'hésitez pas à partager vos idées, anecdotes et recommandations.

Nous sommes vraiment reconnaissants que vous ayez choisi d'utiliser notre manuel dans un monde d'informations de voyage abondantes. C'est un privilège de vous accompagner dans votre voyage et de vivre avec vous les merveilles et l'excitation de vos voyages. Les Dolomites sont un endroit incroyablement beau et je suis ravi que notre guide vous aide à découvrir tout ce que cette région à couper le souffle a à offrir.

Encore une fois, je tiens à vous remercier pour votre soutien et votre confiance. Je vous souhaite de nombreuses expériences incroyables, des voyages sûrs et de précieux souvenirs dans les Dolomites.

Avec mes sincères remerciements,

Table des matières

Gratitude
Introduction aux Dolomites
    L'enchantement des Dolomites
    Merveilles de la géologie
    Importance culturelle
    Moments idéaux pour partir
    Comment utiliser ce manuel
Chapitre 1 : Destinations inoubliables
    La perle des Dolomites, Cortina d'Ampezzo
    Bolzano : le point d'entrée des Dolomites
    Val Gardena : un paradis pour les skieurs
    Le plus grand pré alpin d'Europe : l'Alpe di Siusi
    Trésors inconnus : villes et vallées méconnues
Chapitre 2 : Aventures en plein air
    Les meilleurs sentiers de randonnée : des balades faciles aux randonnées difficiles
    Pistes et stations pour le meilleur du snowboard et du ski
    Parcours d'escalade : adaptés aux débutants comme aux confirmés
    Sentiers pour VTT et Cyclisme
    Rivières et lacs pour les sports nautiques
Chapitre 3 : Délices culinaires
    Cuisine de montagne habituelle
    Meilleures options de restauration et refuges alpins
    Vignobles et dégustation de vins
    Délices locaux à déguster
    Cours de cuisine et visites gastronomiques

Chapitre 4 : Une histoire riche
- Civilisations anciennes des Dolomites
- Forteresses et châteaux médiévaux
- Monuments et sites de la Première Guerre mondiale
- Centres culturels et musées
- Folklore et Légendes

Chapitre 5 : Options d'hébergement
- Hôtels et complexes hôteliers haut de gamme
- Cabanes et refuges de montagne traditionnels
- Hébergement familial
- Des logements abordables
- Chalets et fermettes pour des séjours insolites

Chapitre 6 : Conseils pratiques
- Comment se rendre et traverser les Dolomites
- Climat et météo : à quoi s'attendre
- Conseils pour la sécurité des activités de plein air
- Éléments essentiels pour une liste de colisage
- Bien-être et santé : rester en forme en voyage

Chapitre 7 : Suggestions d'itinéraires
- Voyage phare de trois jours
- Programme d'aventure de sept jours
- Programme de voyage familial
- Planifiez une escapade romantique
- Semaine d'immersion culturelle

Chapitre 8 : Événements et festivals
- Célébrations et coutumes saisonnières
- Événements mettant en vedette la musique et l'art
- Événements sportifs

    Fêtes du vin et de la gastronomie
    Jours fériés et événements annuels
Chapitre 9 : Connexion avec la nature
    Réserves naturelles et parcs nationaux
    Observer la faune
    Vie végétale et animale dans les Dolomites
    Possibilités d'écotourisme
    Activités de préservation
Chapitre 10 : Ressources supplémentaires
    Numéros et sites Web pratiques
    Étiquette et expressions dans la langue
    Conseils en espèces et en change
    Informations d'urgence et assurance voyage
    Suggestions supplémentaires de lecture et de médias

Introduction aux Dolomites

L'une des chaînes de montagnes les plus connues au monde est celle des Dolomites, situées dans le nord-est de l'Italie. Ces montagnes, qui font partie des Alpes calcaires du sud, sont réputées pour leur géologie particulière et leurs paysages à couper le souffle. Les Dolomites sont situées dans les provinces de Belluno, du Tyrol du Sud et du Trentin. Ils présentent une combinaison étonnante de sommets escarpés, de vallées luxuriantes et de villes pittoresques. La dolomite est une roche carbonatée qui donne à ces montagnes leur aspect unique, d'où leur nom. Les Dolomites, site classé au patrimoine mondial de l'UNESCO, attirent des touristes du monde entier intéressés par la nature, l'aventure et la culture.

Les Dolomites offrent bien plus que de simples paysages à couper le souffle ; ils sont riches en culture et en histoire. La variété linguistique et culturelle de la région est une mosaïque façonnée par les histoires ancestrales ladines, allemandes et italiennes. Chaque vallée a ses propres coutumes, sa gastronomie et ses conceptions architecturales qui reflètent la riche histoire et la culture locale vivante de la région. Les amateurs d'aventure peuvent trouver de nombreuses activités de plein air dans les Dolomites, notamment la randonnée, le ski, l'escalade et le vélo. Ces activités font des Dolomites une destination toute l'année.

La faune et la flore des Dolomites sont tout aussi fascinantes. La région abrite une variété d'écosystèmes, notamment des bois profonds, de la toundra alpine et des prairies luxuriantes parsemées de fleurs sauvages. Entre autres espèces, les passionnés de la faune pourront apercevoir des aigles royaux, des chamois et des marmottes. Les Dolomites sont un endroit véritablement remarquable pour tous ceux qui recherchent à la fois l'aventure et la tranquillité en raison de leur mélange unique de formations géologiques, de paysages à couper le souffle et d'une riche diversité culturelle.

L'enchantement des Dolomites

La beauté inégalée des Dolomites et la variété de leurs attractions les rendent si attrayantes. Pour ceux qui aiment l'escalade, des sommets imposants comme la Marmolada et les Tre Cime di Lavaredo offrent des vues à couper le souffle et des ascensions ardues. Les paysages saisissants de la région, qui comprennent des falaises abruptes, des vallées luxuriantes et des lacs scintillants, constituent un cadre idyllique pour les activités de plein air et les visites tranquilles.

Les Dolomites sont très populaires en raison de leur accessibilité et de leur diversité d'activités. Il y en a pour tous les goûts, qu'ils soient voyageurs confirmés ou simples de passage. Les Dolomites sont le rêve de tout randonneur devenu réalité en été, avec un vaste réseau de sentiers adaptés aux marcheurs de tous niveaux. Des itinéraires de randonnée comme l'Alta Via 1 et 2 permettent aux randonneurs de passer plusieurs jours à explorer certains des paysages les plus époustouflants d'Europe. Les cols de montagne de la région, comme le célèbre Passo Stelvio, offrent aux coureurs des vues à couper le souffle et des obstacles passionnants.

Les skieurs et snowboarders du monde entier se rendent dans les Dolomites en hiver, lorsqu'elles deviennent un paradis enneigé. Plus de 1 200 kilomètres de pistes se trouvent dans le domaine Dolomiti Superski, l'un des plus grands réseaux de ski au monde. En plus du ski, vous pourrez faire de la luge, de l'escalade sur glace et de la raquette. Les villages alpins pittoresques de la région, comme Cortina d'Ampezzo et Ortisei, accueillent les invités à bras ouverts grâce à leurs hébergements luxueux, leur cuisine raffinée et leurs scènes d'après-ski passionnantes.

Les rencontres culturelles sont un autre élément important de l'attrait des Dolomites. La région célèbre les coutumes, la musique et la gastronomie autochtones tout au long de l'année avec de nombreux festivals et événements. L'architecture, les langues et la délicieuse cuisine de la région reflètent toutes le mélange d'influences allemandes, italiennes et ladines. Les Dolomites offrent une vaste gamme d'expériences culinaires qui reflètent leur origine variée, de la riche cuisine tyrolienne aux desserts italiens exquis.

Merveilles de la géologie

Les Dolomites ont un aspect distinctif et étonnant en raison de leurs merveilles géologiques bien connues. Ces montagnes se sont formées au Trias, il y a plus de 250 millions d'années, et sont principalement constituées de roches dolomite, une sorte de calcaire riche en magnésium. Des altérations dramatiques dans le passé géologique de la région peuvent être observées dans la montée et la descente des océans anciens, les éruptions volcaniques et les forces incessantes de l'érosion et des mouvements tectoniques.

En raison de leur composition géologique particulière, les Dolomites sont connues pour leurs sommets sauvages en dents de scie, qui constituent l'une de ses caractéristiques les plus reconnaissables. L'aspect distinctif de couleur claire et presque éthérée des montagnes est attribué au calcaire dolomitique. Ceci est particulièrement visible au lever et au coucher du soleil, lorsque les sommets brillent de nuances de rose, d'orange et de violet. Ce phénomène, appelé « enrosadira » en ladin, donne au paysage une touche mystérieuse qui enchante les touristes et sert d'inspiration à d'innombrables peintres et photographes.

En plus de leurs sommets massifs, les Dolomites présentent diverses caractéristiques géologiques telles que de larges plateaux, des vallées profondes et des formations rocheuses saisissantes. La Marmolada, la plus haute montagne de la chaîne et parfois appelée la « Reine des Dolomites », et les Tre Cime di Lavaredo, avec ses trois sommets reconnaissables, sont deux des sites géologiques les plus importants des Dolomites. La région abrite également de nombreuses arches naturelles, comme l'Arc de Camosci, et des grottes, comme la Grotta di Piasina, qui mettent en valeur les formations rocheuses uniques de la région.

Les Dolomites sont particulièrement attrayantes pour les amateurs de fossiles car elles abritent un grand nombre de fossiles marins du Trias bien conservés. Ces fossiles enrichissent notre connaissance du passé géologique de la Terre et offrent des informations importantes sur les habitats marins préhistoriques qui prospéraient autrefois ici. Le meilleur endroit pour explorer ces ruines préhistoriques et avoir un aperçu de l'histoire lointaine de cette région étonnante est la gorge de Bletterbach, un site classé au patrimoine mondial de l'UNESCO.

Importance culturelle

Les Dolomites sont aussi profondément importantes sur le plan culturel qu'esthétiquement belles. L'histoire de la région est une tapisserie composée de nombreuses civilisations et cultures différentes, dont chacune a laissé sa marque sur la population et le pays. Trois groupes linguistiques, italien, allemand et ladin, coexistent dans les Dolomites et chacun ajoute au paysage culturel diversifié de la région.

En particulier, la culture ladine est exclusive aux Dolomites. Les Ladins sont un ancien groupe ethnique de l'époque romaine avec une langue, des traditions et des coutumes uniques. Les villages ladins à l'histoire culturelle préservée, comme Val Badia et Val Gardena, sont bien connus. Découvrez les églises et les fermes en bois distinctives qui définissent l'architecture traditionnelle ladine et participez aux célébrations régionales honorant les traditions et le folklore de longue date.

Les Dolomites ont servi de champ de bataille lors d'événements historiques importants et de carrefour pour diverses cultures tout au long de l'histoire. La zone servait de ligne de front entre les soldats italiens et austro-hongrois pendant la

Première Guerre mondiale. Aujourd'hui, on peut encore voir les ruines de fortifications, de tunnels et de tranchées, notamment le long de « l'Alta Via de la Grande Guerre », un sentier de randonnée. qui suit le chemin de la bataille historique. Ces lieux, qui ont été conservés comme musées extérieurs et mémoriaux, sont de puissants rappels du passé mouvementé de la région.

Les coutumes culinaires des Dolomites mettent également en valeur leur passé culturel. La cuisine de la région offre une grande variété de saveurs et de plats, présentant une délicieuse fusion d'influences tyroliennes, ladines et italiennes. La scène gastronomique des Dolomites est aussi diversifiée que ses influences culturelles, allant des pâtisseries et vins délicats aux plats alpins robustes comme le speck, la polenta et le knödel. La façon idéale de goûter ces spécialités régionales et de découvrir comment les plats sont traditionnellement préparés est de visiter les marchés et les festivals locaux.

L'identité culturelle des Dolomites est profondément ancrée dans ses créations artistiques et artisanales. La région a une longue histoire de sculpture sur bois, en particulier à Val Gardena, où des artisans qualifiés sculptent des sculptures élaborées et des images sacrées. Les facettes importantes de la culture régionale comprennent les produits artisanaux, notamment la céramique, les textiles tissés à la main et d'autres objets artisanaux, qui sont fréquemment exposés sur les marchés locaux et les petits magasins.

Moments idéaux pour partir

Les Dolomites sont une destination touristique toute l'année en raison de leurs paysages et de leurs activités époustouflants. Cela étant dit, le type d'expérience que vous recherchez déterminera le meilleur moment pour y aller. Chaque saison offre des possibilités d'exploration et son propre attrait.

Voyager dans les Dolomites au printemps, d'avril à juin, est une expérience agréable. Une scène magnifique est créée lorsque la neige fond et que les vallées et les prairies regorgent de fleurs sauvages colorées. C'est la meilleure période de l'année pour faire de la randonnée et du VTT en raison du temps doux et du manque de foule. Une rencontre plus tranquille et personnelle avec la nature est possible car les sentiers sont généralement moins encombrés.

La saison touristique la plus chargée dans les Dolomites s'étend de juillet à septembre pendant l'été. La randonnée, l'escalade et le vélo sont d'excellentes activités de plein air en raison du temps chaud et lumineux. Entièrement accessibles, les sentiers d'altitude offrent des vues imprenables et panoramiques sur les chaînes de montagnes. On peut voir des randonneurs parcourir des itinéraires populaires comme l'Alta Via 1 et 2, et les refuges de montagne de la région, ou rifugi, offrent un hébergement confortable et des repas copieux aux randonneurs fatigués. Pendant cette période, de nombreux festivals et événements culturels ont également lieu qui mettent en valeur les riches traditions de la région et la communauté locale active.

Une autre excellente saison pour explorer les Dolomites est l'automne, d'octobre à novembre. La randonnée et la photographie sont rendues encore plus magnifiques par la tapisserie de teintes rouges, oranges et dorées créées par le feuillage d'automne. Il est plus confortable de passer du temps dehors en raison du temps plus frais. Moins de touristes visitent à cette période de l'année, ce qui rend l'expérience plus tranquille. Dans les Dolomites, l'automne est la saison des récoltes. Les festivals et marchés culinaires locaux proposent une variété de spécialités régionales, notamment du vin, des pommes et des châtaignes.

Les Dolomites deviennent un paradis enneigé de décembre à mars. La région est bien connue pour son vaste réseau de pistes et ses stations de ski de premier ordre. Avec 12 domaines skiables différents, le domaine Dolomiti Superski compte plus de 1 200 kilomètres de pistes pour les skieurs et snowboarders. Les activités hivernales populaires comprennent l'escalade sur glace, la raquette et la luge. Le charme enchanteur de la saison hivernale est renforcé par l'ambiance animée des villages alpins, ornés de lumières et de décorations de Noël.

Comment utiliser ce manuel

Ce guide tout compris des Dolomites est destiné à vous aider à tirer le meilleur parti de votre voyage dans cette région alpine à couper le souffle. Ce guide propose des analyses approfondies et des conseils utiles pour améliorer votre expérience de voyage, quels que soient vos intérêts : aventure, nature ou exploration culturelle.

Parcourez la section "Introduction aux Dolomites" pour vous familiariser avec les Dolomites. Ce résumé vous donnera peut-être une idée de l'importance, de la géographie et de l'histoire de la région. Votre admiration pour les paysages distinctifs et les éléments naturels que vous rencontrerez grandira à mesure que vous connaîtrez mieux le charme et les merveilles géologiques des Dolomites.

Parcourez ensuite la section « Importance culturelle » pour en savoir plus sur la riche histoire et les coutumes des Dolomites. Vos relations avec les communautés locales et votre compréhension des diverses influences culturelles de la région seront toutes deux améliorées par ces informations. Pour vous immerger complètement dans l'expérience culturelle, assurez-vous de visiter les monuments historiques, les marchés et les festivals de la région.

Grâce à la fonction « Meilleurs moments pour visiter », vous pouvez organiser votre programme de voyage en fonction de vos passe-temps et de vos préférences. Ce livre propose des suggestions sur la meilleure période pour visiter, quelles que soient vos préférences pour les couleurs vives du printemps et de l'automne, les activités agréables de l'été ou les aventures glaciales de l'hiver. Pensez aux activités et aux points forts saisonniers qui correspondent à vos objectifs de voyage.

Utilisez ce guide comme référence lorsque vous voyagez pour découvrir les attractions naturelles et culturelles des Dolomites. Vous pourrez naviguer dans la région et planifier votre voyage en toute confiance grâce à des explications approfondies et des conseils utiles. Ce livre comprend un large éventail d'expériences et d'activités, du ski à la randonnée en passant par les repas locaux et la participation à des événements culturels.

Tout au long de votre visite, pensez à respecter le mode de vie local et l'environnement. En tant que site du patrimoine mondial de l'UNESCO, les Dolomites doivent être préservées pour le plaisir des générations futures afin de maintenir leur beauté naturelle et leur intégrité culturelle. Respectez les règles du voyage durable, qui incluent la réduction de votre empreinte carbone et la promotion des entreprises régionales.

Vous serez bien préparé pour visiter les Dolomites et créer des souvenirs inestimables dans l'un des endroits les plus étonnants et culturellement diversifiés du monde si vous utilisez ce livre. Amusez-vous dans votre aventure dans les Dolomites !

Chapitre 1 : Destinations Inoubliables

La perle des Dolomites, Cortina d'Ampezzo

Surnommée « La Perle des Dolomites », Cortina d'Ampezzo est une charmante ville nichée dans les Alpes italiennes. Cet endroit, réputé pour son cadre magnifique, offre une fusion particulière de charme élégant et de beauté préservée. Des sommets spectaculaires, des vallées luxuriantes et des lacs alpins scintillants caractérisent le cadre de Cortina, qui attire les amateurs de plein air et les amoureux de la nature.

Avec plus de 120 kilomètres de pistes pouvant accueillir des skieurs de tous niveaux, Cortina devient une destination de ski de premier plan tout au long des mois d'hiver. La ville est toujours un lieu privilégié pour les compétitions internationales de ski, ayant accueilli les Jeux olympiques d'hiver. En plus du ski, les clients peuvent faire de la raquette, de l'escalade sur glace et du snowboard pour profiter pleinement de ce magnifique paradis hivernal.

Cortina offre un nouveau type de magie en été. De nombreuses possibilités de randonnée, de VTT et d'escalade sont proposées dans les prairies et forêts verdoyantes. Ces activités se déroulent dans le cadre à couper le souffle de la géologie particulière des Dolomites, avec des sentiers adaptés aussi bien aux novices qu'aux explorateurs expérimentés.

Au-delà de son abondance d'activités de plein air, Cortina d'Ampezzo possède une scène culturelle florissante. Les sites historiques abondent dans toute la ville, notamment des églises pittoresques et des vestiges préhistoriques. Les musées de la région fournissent des informations sur l'histoire, la culture et l'art de la région. Après une journée de visites, vous pourrez savourer des repas gastronomiques dans l'un des nombreux établissements gastronomiques de Cortina, proposant une cuisine italienne traditionnelle et internationale.

Une autre caractéristique de la région est sa vie nocturne animée. Les pubs et clubs élégants offrent un environnement dynamique où les clients peuvent se détendre et se mêler. Il se passe toujours quelque chose à Cortina grâce aux nombreux festivals et événements qui s'y déroulent tout au long de l'année, allant des festivals de cinéma aux spectacles de jazz.

Cortina offre une variété d'options d'hébergement pour répondre à une gamme de préférences et de niveaux de prix, des hôtels opulents aux chalets pittoresques. Ce lieu est connu pour son accueil convivial et son souci du détail, qui garantissent à chaque visiteur un merveilleux séjour.

En conclusion, Cortina d'Ampezzo est un endroit qui allie habilement commodités modernes, diversité culturelle et beauté naturelle. Ce charmant village des Dolomites garantit une expérience incroyable, que vous recherchiez l'aventure, la détente ou un peu des deux.

Bolzano : le point d'entrée des Dolomites

Bolzano, également appelée « la porte des Dolomites », est un endroit idéal pour commencer votre exploration de cette chaîne de montagnes à couper le souffle. Cette ville dynamique du Tyrol du Sud, en Italie, est une visite incontournable car elle offre l'équilibre idéal entre sophistication urbaine et beauté des paysages.

Le mélange distinctif de cultures de Bolzano est l'un de ses aspects les plus remarquables. L'architecture, la gastronomie et les panneaux bilingues reflètent tous la position de la ville au carrefour des influences italiennes et germaniques. Promenez-vous dans la vieille ville pittoresque, où des boutiques contemporaines, des cafés et des musées sont abrités dans des bâtiments médiévaux. La flèche élaborée de la cathédrale de style gothique de Bolzano rappelle le riche héritage architectural et historique de la ville.

Le musée archéologique du Tyrol du Sud, qui abrite le célèbre Ötzi l'homme des glaces, se trouve également à Bolzano. Avec une durée de vie de plus de 5 000 ans, ce cadavre remarquablement préservé offre une fenêtre fascinante sur la vie préhistorique alpine. Avec ses expositions complexes et interactives, le musée offre aux visiteurs une expérience fascinante.

Bolzano est un point de départ idéal pour une variété d'activités de plein air pour ceux qui aiment le plein air. Il y a de superbes randonnées, équitation et escalade dans les montagnes et les vallées voisines. Il existe des sentiers de randonnée paisibles et une vue imprenable sur les Dolomites sur le plateau de Ritten, accessible via un pittoresque téléphérique. Les stations de ski voisines attirent en hiver des foules de personnes souhaitant découvrir un terrain et des activités hivernales de premier ordre.

La scène gastronomique de Bolzano est encore un autre joyau. Un délicieux mélange de cuisine italienne et tyrolienne se retrouve dans les marchés et les restaurants de la ville. De délicieuses pâtisseries, des saucisses tendres et des raviolis garnis comptent parmi les points forts de la région. Les amateurs de vin apprécieront les vignobles bien connus de la région, qui produisent des vins de premier ordre comme le Lagrein rouge vif et le Gewürztraminer blanc croquant.

De nombreux festivals et événements ont lieu tout au long de l'année dans la ville grâce à son calendrier culturel actif. Des artistes de renommée mondiale se réunissent en été pour le Bolzano Festival Bozen, un festival de musique classique. La ville est transformée en un joyeux paradis grâce au marché de Noël, l'un des plus grands d'Italie, avec ses lumières scintillantes, ses produits artisanaux et ses plats festifs.

Bolzano offre une variété d'alternatives d'hébergement, des hôtels de luxe aux maisons d'hôtes pittoresques, garantissant à chaque visiteur un séjour confortable. L'accès aux trésors naturels des Dolomites et l'exploration des régions voisines sont facilités par le système de transports en commun efficace de la ville.

En résumé, Bolzano est un lieu fascinant qui allie importance historique, beauté naturelle et richesse culturelle. Elle constitue le point de départ idéal pour l'exploration urbaine et les expériences en montagne puisqu'elle constitue l'entrée des Dolomites.

Val Gardena : un paradis pour les skieurs

Les amateurs de ski du monde entier affluent à Val Gardena, niché dans les Dolomites. Val Gardena, connue pour ses paysages époustouflants et ses stations de ski de premier ordre, offre une expérience de sports d'hiver inégalée.

Avec plus de 1 200 kilomètres de pistes reliées, le domaine Dolomiti Superski, l'un des plus grands réseaux de ski au monde, comprend la vallée. Des novices aux experts, notre vaste paysage offre quelque chose pour le plaisir de tous. L'un des points forts est le légendaire circuit Sella Ronda, une excursion à ski unique en son genre qui fait le tour du magnifique massif du Sella et offre un voyage exaltant à travers certains des paysages des Dolomites les plus époustouflants.

Val Gardena n'est pas seulement connue pour son ski ; elle a un passé culturel dynamique. De nombreuses villes pittoresques se trouvent dans la vallée, comme Ortisei, Selva di Val Gardena et Santa Cristina. Ces colonies sont bien connues pour leur culture locale vivante, leur architecture traditionnelle et leur hospitalité amicale. Découvrez l'histoire et le savoir-faire de la région en visitant des églises historiques, des musées de quartier et des entreprises artisanales.

L'atmosphère après-ski de Val Gardena est tout aussi spectaculaire. Parfaits pour se détendre après une journée sur les pistes, les bars élégants et les refuges de montagne confortables offrent une atmosphère idéale. Les touristes peuvent savourer de délicieux vins régionaux avec des ragoûts robustes, des saucisses salées et des pâtisseries sucrées, entre autres spécialités locales. Afin de garantir qu'il se passe toujours quelque chose, la vallée organise régulièrement de nombreux festivals et événements, notamment des concerts de musique et des courses de ski.

Outre les sports d'hiver, Val Gardena propose une multitude d'activités hors ski. Les substituts populaires qui offrent aux clients une variété de façons de découvrir le paysage hivernal comprennent la raquette, le patinage sur glace et la luge. D'excellents équipements de bien-être dans la région, tels que des bains thermaux et des spas, permettent aux visiteurs de se détendre et de se régénérer.

Val Gardena propose des options d'hébergement adaptées à une gamme de goûts et de gammes de prix. Il existe des hébergements pour tous les types de voyageurs, des hôtels opulents dotés de services de premier ordre aux petites maisons d'hôtes appartenant à des familles. Tous les visiteurs de la vallée sont assurés de passer un excellent séjour grâce au souci du détail et aux soins personnalisés des hébergeurs.

Avec des remontées mécaniques efficaces et des services de navette reliant les principales localités et stations de ski, le transport à Val Gardena est pratique. Cela permet aux clients de passer le plus de temps possible sur les pistes et d'explorer toute la vallée.

En conclusion, Val Gardena est un paradis pour les skieurs qui offre bien plus qu'un simple ski de classe mondiale. Les amateurs de sports d'hiver et ceux qui recherchent une expérience alpine inoubliable y trouveront une destination de choix en raison de sa combinaison d'une beauté naturelle à couper le souffle, d'un riche héritage culturel et d'un large éventail d'activités.

Le plus grand pré alpin d'Europe : l'Alpe di Siusi

Située dans les Dolomites du nord de l'Italie, l'Alpe di Siusi, également connue sous le nom de Seiser Alm en allemand, est la plus grande prairie alpine de haute altitude d'Europe. Ce vaste plateau, qui s'étend sur plus de 56 kilomètres carrés, cst le rêve devenu réalité des amoureux de la nature et des amateurs de plein air. Il constitue un havre de paix offrant une vue imprenable et un large éventail d'options de loisirs.

L'Alpe di Siusi devient un paradis hivernal qui attire tous les niveaux de skieurs et de snowboarders. Les familles et les skieurs débutants adoreront les pentes douces de la région, tandis que les skieurs plus expérimentés pourront explorer la zone Dolomiti Superski à proximité. Il existe plus de 80 kilomètres de pistes de ski de fond bien entretenues qui serpentent à travers des paysages pittoresques, ce qui en fait un sport populaire. La splendeur sereine des prairies et des forêts enneigées peut être découverte à travers les raquettes et les randonnées hivernales.

L'Alpe di Siusi a un charme distinct au printemps et en été. La randonnée, le vélo et l'équitation se déroulent dans cet environnement attrayant, mis en valeur par les fleurs sauvages en fleurs qui transforment les prairies en une explosion de couleurs lorsque la neige fond. De nombreux itinéraires, allant de courtes promenades à des randonnées intenses, offrent des vues imprenables sur les sommets voisins, parmi lesquels les célèbres montagnes Sassolungo et Sciliar. Il existe de nombreuses possibilités d'observation de la nature et de photographie en raison de la flore et de la faune uniques de la région.

L'Alpe di Siusi offre une richesse de traditions culturelles et gastronomiques en plus des activités de plein air. Il existe de nombreux refuges de montagne historiques dans la région appelée « rifugi », où les clients peuvent déguster une cuisine tyrolienne. Essayez les plats incontournables comme les raviolis copieux et le speck, une sorte de jambon cru, qui sont généralement servis avec un verre de vin local ou une tisane. De plus, ces refuges offrent aux skieurs et aux randonneurs un havre de confort avec un service convivial et des vues à couper le souffle.

Pour d'autres plaisirs culturels, dirigez-vous vers les villages environnants de Castelrotto, Siusi et

Fiè allo Sciliar. Les vieilles églises, les fêtes coutumières et les magasins d'artisans qui définissent ces petits villages. L'architecture, les coutumes et la vie quotidienne des habitants témoignent d'une culture dynamique influencée par les traditions italiennes et autrichiennes.

L'Alpe di Siusi propose une variété d'alternatives d'hébergement, depuis les hôtels opulents avec services de spa jusqu'aux séjours rustiques à la ferme, afin que les clients puissent choisir leur degré idéal de confort et d'immersion naturelle. Grâce à l'engagement du territoire en faveur des déplacements respectueux de l'environnement, l'environnement naturel est préservé et de nombreux établissements et événements encouragent les comportements respectueux de l'environnement.

En résumé, l'Alpe diSiusi est un endroit singulier qui allie le calme des vastes prairies alpines à une abondance d'activités récréatives et d'événements culturels. Les voyageurs auront d'innombrables occasions d'explorer des paysages à couper le souffle, d'entrer en contact avec la nature et de découvrir l'hospitalité de cette région remarquable, qu'ils la visitent en été ou en hiver.

Trésors inconnus : villes et vallées méconnues

Bien que les Dolomites soient connues pour leurs sites touristiques réputés, la région abrite également un grand nombre de vallées et de communautés moins connues qui offrent une expérience plus privée et authentique. Ces trésors inconnus offrent un havre de paix loin des destinations touristiques très fréquentées, permettant aux voyageurs de découvrir l'esprit authentique des Dolomites.

San Martino di Castrozza est un village qui est un joyau caché. Cette communauté pittoresque, nichée au pied de la chaîne de montagnes Pale di San Martino, est un paradis pour les amoureux de la nature. San Martino di Castrozza offre d'excellentes conditions de ski et de snowboard tout au long de l'hiver, avec une gamme de pistes adaptées à tous les niveaux. Le village est un excellent choix pour ceux qui recherchent une option plus calme par rapport aux stations de ski les plus connues en raison de sa charmante architecture alpine traditionnelle et de son cadre magnifique.

Le Val di Funes, également connu sous le nom de Villnöß en allemand, est une autre vallée moins connue. Cette vallée pittoresque est bien connue pour ses paysages à couper le souffle, qui comprennent des prairies verdoyantes, des forêts profondes et des sommets imposants. La célèbre église Sainte-Madeleine est un incontournable, offrant l'une des vues les plus photographiées des Dolomites, avec en toile de fond le groupe Geisler. Le Val di Funes possède une multitude de sentiers qui sillonnent ses environs préservés, ce qui en fait un paradis pour les randonneurs et les amoureux de la nature.

Un autre joyau à découvrir est le village d'Alleghe, situé près du lac Alleghe. Avec son lac scintillant et ses montagnes majestueuses, cette charmante communauté offre un environnement tranquille. Alleghe devient une destination majeure pour le patinage sur glace et le ski en hiver, et la baignade, la navigation de plaisance et la pêche sont possibles en été au bord du lac. Alleghe est un endroit idéal pour faire de la randonnée et du vélo tout au long de l'année grâce aux bois et aux sentiers à proximité.

Pour ceux qui recherchent des vacances plus isolées, la vallée du Comelico offre un havre de paix immaculé. Cette vallée moins connue se distingue par ses arbres épais, ses pâturages paisibles et ses chalets en bois classiques. Il existe des sentiers menant à des vues panoramiques et à des cascades secrètes, ce qui rend la région idéale pour la randonnée. Les pentes plus calmes de la vallée offrent une alternative hivernale sereine aux destinations de ski plus fréquentées.

La colonie de Sappada, dans les Alpes carniques, mérite également d'être prise en considération. Cette communauté pittoresque est connue pour ses jolies rues, sa culture locale florissante et ses bâtiments en bois bien conservés. Une variété d'activités de plein air sont disponibles à Sappada, comme la randonnée, le ski et la raquette. Le village offre une expérience culturelle distinctive avec ses célébrations et événements coutumiers, comme le Carnaval de Sappada.

En résumé, les trésors cachés des Dolomites offrent la fusion idéale entre loisirs de plein air, beauté des paysages et diversité culturelle. Découvrez le véritable cœur des Dolomites avec une expérience authentique et paisible offerte par ces communautés et vallées moins connues. Ces joyaux inconnus offrent un voyage incroyable loin de la foule, que vous recherchiez l'aventure, les loisirs ou l'immersion culturelle.

Chapitre 2 : Aventures en plein air

Les meilleurs sentiers de randonnée : des balades faciles aux randonnées difficiles

Expériences de randonnée dans les Dolomites, une chaîne de montagnes à couper le souffle du nord-est de l'Italie, allant de facile à difficile. Les Dolomites offrent des possibilités de promenades faciles et de randonnées difficiles.

Le *Circuit du Lago di Braies* est un endroit idéal pour se promener tranquillement. Idéale pour les familles et les randonneurs occasionnels, cette boucle de 4 kilomètres autour du lac scintillant de Braies offre un terrain plat et des vues imprenables. L'itinéraire serpente à travers des prairies ouvertes et des forêts verdoyantes, créant un cadre tranquille pour une promenade.

Pour ceux qui randonnent de niveau intermédiaire, le *Rifugio Fonda Savio* Le Le sentier offre un défi satisfaisant. Ce sentier de 12 kilomètres offre une vue imprenable sur les sommets environnants alors qu'il serpente à travers des prairies alpines et des forêts profondes. Parce que la piste est bien balisée et raisonnablement difficile, les gens qui veulent se dépasser sans se lancer dans une expédition difficile l'adorent.

Une option emblématique pour les plus audacieux est le sentier *Alta Via 1*. Ce sentier, long de plus de 150 km, traverse des environnements variés pour les randonneurs, tels que des sentiers pierreux, des vallées verdoyantes et des plateaux d'altitude. Bien que le voyage demande de la force mentale et physique, il en vaut la peine en raison de l'environnement à couper le souffle et du sentiment d'accomplissement. Les randonneurs qui parcourent ce sentier bien connu peuvent admirer la splendeur sauvage des Dolomites.

Un autre choix difficile est le circuit *Tre Cime di Lavaredo*, qui propose une boucle de 10 km avec une vue imprenable sur les trois sommets différents. Ce parcours exige un degré décent de condition physique et d'engagement et est réputé pour ses vues spectaculaires. Les randonneurs sont récompensés par des vues rapprochées des formations rocheuses massives et des vues lointaines sur le paysage alpin.

En conclusion, les Dolomites offrent des sentiers de randonnée adaptés à tous les niveaux, offrant ainsi une expérience de trekking inégalée. Il existe une piste adaptée à tous les niveaux, allant des promenades tranquilles autour de lacs pittoresques aux randonnées ardues sur des terrains rocheux. Le relief varié des Dolomites et leur beauté naturelle époustouflante garantissent que chaque randonnée est une expérience inoubliable.

Pistes et stations pour le meilleur du snowboard et du ski

Réputées pour leurs chaînes de montagnes du nord-est de l'Italie, les Dolomites deviennent chaque année le paradis des sports d'hiver, attirant les snowboarders et les skieurs du monde entier. Avec leur vaste réseau de pistes et leurs stations de premier ordre, les Dolomites offrent une combinaison spéciale de paysages à couper le souffle et de pistes palpitantes adaptées à tous les niveaux.

Connue comme la « Reine des Dolomites », *Cortina d'Ampezzo* est une destination de sports d'hiver de premier ordre. Avec plus de 120 kilomètres de pistes bien entretenues, il peut accueillir aussi bien les skieurs débutants que confirmés. Les environs magnifiques de la station, ses services de premier ordre et sa scène après-ski passionnante en font un choix de premier ordre pour les voyageurs en quête à la fois de luxe et d'action.

Niché au sein du vaste domaine Dolomiti Superski, *Val Gardena* possède un incroyable 175 kilomètres de pistes continues. Les skieurs et planchistes peuvent explorer un large éventail de terrains sur ce vaste réseau, des pistes faciles pour débutants aux pistes difficiles pour experts. La station est réputée pour ses chutes de neige constantes et ses infrastructures de remontées mécaniques de pointe, qui garantissent une expérience sans faille pour tous.

Alta Badia offre l'environnement idéal pour les familles et les débutants avec ses pistes douces et ses écoles de ski de premier ordre. La station est une excellente option pour les débutants en raison de l'accent mis sur l'instruction et la sécurité. Les expériences de tous âges sont renforcées par le paysage montagneux à couper le souffle de la région.

Les snowboarders et skieurs experts trouveront *Arabba* comme un endroit passionnant. Arabba est connue pour ses pistes noires difficiles et ses nombreuses options hors-piste, ce qui en fait une expérience plus intense. En raison de sa proximité avec le glacier Marmolada, elle bénéficie de superbes conditions d'enneigement, qui font des sports d'hiver une expérience inoubliable.

Madonna di Campiglio est une autre station remarquable qui combine d'excellentes installations et un terrain varié. Il offre plus de 150 km de pistes pour les skieurs de tous niveaux, des pistes adaptées aux débutants aux descentes difficiles réservées aux experts. La station est très appréciée des amateurs de sports d'hiver en raison de ses excellentes commodités et de son ambiance de village pittoresque.

En conclusion, avec leur grande variété de pistes et leurs stations de premier ordre, les Dolomites offrent une expérience de sports d'hiver inégalée. Les Dolomites, avec leur magnifique paysage alpin, ont quelque chose à offrir à tout le monde, que vous soyez débutant à la recherche d'un terrain doux ou expérimenté à la recherche de parcours difficiles.

Parcours d'escalade : adaptés aux débutants comme aux confirmés

Pour les grimpeurs de tous niveaux, les Dolomites, une magnifique région montagneuse du nord de l'Italie, sont un excellent choix. Les Dolomites sont réputées pour leurs sommets saisissants, leurs parois abruptes et leurs voies d'escalade variées. Ils offrent des expériences inégalées tant pour les grimpeurs expérimentés que pour les débutants.

Pour les novices, *Cinque Torri* est un excellent point de départ. Il existe de nombreux itinéraires dans cette zone qui varient en difficulté, la majorité d'entre eux étant des ascensions simples à modérées. Pour les débutants dans ce sport, c'est un site d'entraînement idéal en raison de la solidité de la roche et des ancrages fiables. Les grimpeurs peuvent perfectionner leurs compétences dans une atmosphère favorable et sûre tout en admirant des vues panoramiques à couper le souffle.

Le *Groupe Sella* propose une série d'itinéraires modérés à difficiles adaptés aux grimpeurs intermédiaires. Les ascensions à grandes voies dans cette région sont réputées pour offrir une expérience d'escalade plus longue et plus intéressante. L'ascension du *Piz Boè* se distingue par sa combinaison de montées faciles et de sections difficiles. L'itinéraire est très apprécié pour sa combinaison de difficulté et d'accessibilité, et les vues spectaculaires depuis le sommet en valent la peine.

Pour les grimpeurs expérimentés à la recherche d'un défi de taille, la *Marmolada South Face* est une voie légendaire. La Marmolada, également appelée « Reine des Dolomites », est un mur vertical qui fait appel à des capacités techniques, une endurance physique et une force mentale très développées. Les grimpeurs experts recherchent cet itinéraire en raison de sa réputation de difficulté et de son exigence de technique précise.

Les *Tre Cime di Lavaredo* sont un autre choix difficile pour les professionnels, notamment la face nord de la Cima Grande. Cette ascension est bien connue dans la communauté des grimpeurs pour être extrêmement difficile et avoir une valeur historique. Les chemins exposés et les murs verticaux abrupts nécessitent un grand degré d'habileté et d'assurance.

Il existe également des via ferrata dans les Dolomites qui combinent randonnée et escalade avec l'utilisation de cordes fixes, d'échelles et de ponts. Les grimpeurs de tous niveaux peuvent vivre une expérience exaltante sur ces itinéraires, comme la *Via Ferrata delle Bocchette*, qui combinent excitation et exposition avec des précautions de sécurité supplémentaires.

En conclusion, la grande variété d'itinéraires des Dolomites convient aux grimpeurs de tous niveaux. Les Dolomites offrent une expérience d'escalade incroyable au milieu de superbes panoramas alpins, avec des sites adaptés aux débutants comme Cinque Torri et des ascensions exigeantes sur la face sud de la Marmolada.

Sentiers pour VTT et Cyclisme

Les amateurs de cyclisme et de VTT de tous niveaux peuvent profiter d'une grande variété de cours de cyclisme et d'équitation de montagne dans la magnifique région montagneuse des Dolomites, dans le nord-est de l'Italie. Que vous soyez un passionné de VTT à la recherche de terrains difficiles ou un cycliste occasionnel à la recherche d'itinéraires pittoresques, les Dolomites offrent une expérience incroyable.

Pour ceux qui aiment rouler, le *Sella Ronda Bike Day* est un événement à ne pas manquer. Cette boucle de 58 km offre aux coureurs des vues imprenables et des ascensions difficiles tout en faisant le tour du magnifique massif du Sella. Pendant l'événement, les routes sont interdites aux véhicules motorisés, permettant aux motards d'admirer la vue à couper le souffle sans interruption. L'itinéraire est un favori parmi les coureurs chevronnés en raison de ses descentes palpitantes et de ses collines difficiles.

Le *Col San Pellegrino à Falcade* Le La piste est très attrayante pour les vététistes. Ce parcours offre un mélange de difficultés techniques et de paysages à couper le souffle, avec des montées ardues et des descentes exaltantes. La piste offre aux cyclistes une expérience variée et engageante car elle serpente à la fois à travers de vastes prairies et des forêts profondes. Le trajet est visuellement captivant et engageant en raison des paysages en constante évolution.

Un réseau de sentiers serpente à travers les prairies et les forêts pittoresques de la région de l'*Alpe di Siusi*, s'adressant à ceux qui recherchent une combinaison d'aventure et de beauté naturelle. Les cyclistes débutants et experts trouveront ces sentiers excellents car ils s'adaptent à une gamme de niveaux de capacité. Faire du vélo est une expérience paisible et délicieuse en raison des collines et des sites spectaculaires.

Le *Giro delle Dolomiti*, un voyage à vélo de plusieurs jours qui traverse plusieurs cols célèbres et itinéraires pittoresques, est un autre endroit très apprécié. Cet événement attire des coureurs du monde entier et offre une occasion privilégiée de découvrir les paysages variés des Dolomites. L'itinéraire comprend des ascensions ardues comme le Passo Giau et le Passo Pordoi, réputés pour leurs vues à couper le souffle et leurs pentes difficiles.

La *Piste cyclable Val Pusteria* est une excellente option pour une balade tranquille. Cet itinéraire de 61 kilomètres, qui offre en grande partie un terrain plat avec de légères pentes, suit la rivière Rienza. Les familles et les cyclistes récréatifs adoreront cette route qui propose une balade tranquille à travers des villages pittoresques et des vallées verdoyantes.

En résumé, il existe dans les Dolomites de nombreuses pistes cyclables et VTT adaptées aux cyclistes de tous niveaux. Avec ses magnifiques paysages alpins et ses sommets difficiles comme Sella Ronda et ses sentiers pittoresques comme l'Alpe di Siusi, les Dolomites offrent une expérience cycliste inégalée.

Rivières et lacs pour les sports nautiques

En plus d'être connues pour leurs paysages à couper le souffle et leurs hauts sommets, les Dolomites abritent plusieurs lacs et rivières purs, idéaux pour un large éventail de sports nautiques. Ces rivières séduisent les passionnés de tous âges et de tous niveaux car elles offrent des possibilités exceptionnelles de détente et d'aventure.

Le plus grand lac d'Italie, le *Lac de Garde*, est un haut lieu des sports nautiques. C'est parfait pour la voile et la planche à voile en raison de ses eaux calmes et de ses brises constantes. Les marins et véliplanchistes expérimentés apprécieront les conditions exigeantes et les grandes eaux, tandis que les débutants pourront bénéficier des nombreuses écoles et options de location disponibles. Les passe-temps populaires ici incluent le kayak et le paddleboard, qui permettent aux clients d'explorer les rives pittoresques et les criques cachées du lac.

Le *Lac Braies* offre un environnement calme pour le pédalo et l'aviron si vous recherchez une expérience plus relaxante. Ce lac de montagne, niché au milieu de montagnes imposantes et de forêts épaisses, offre un répit tranquille loin des zones touristiques très fréquentées. Les sommets voisins se reflètent dans les eaux calmes et transparentes, offrant un cadre magnifique pour faire du canoë en toute tranquillité.

Un autre endroit idéal pour les amateurs de sports nautiques est le *Lac Molveno*. Ce magnifique lac est idéal pour le canoë, la pêche et la baignade grâce à ses eaux turquoise. Les

Dolomites adjacentes de Brenta ajoutent à l'expérience, offrant des vues à couper le souffle et une gamme de sentiers de randonnée pour ceux qui souhaitent mélanger aventures en montagne et activités aquatiques.

Les rivières des Dolomites offrent également des possibilités passionnantes pour les sports nautiques. Le kayak et le rafting sur la *rivière Noce* sont des activités très appréciées. Cette rivière traverse le Val di Sole et propose des sections modérées à intenses, ce qui la rend adaptée aux canoéistes débutants et expérimentés. L'environnement entourant les rapides améliore toute l'aventure et offre des promenades exaltantes.

Pour ceux qui recherchent une expérience fluviale plus tranquille, des activités tranquilles de canoë et de rafting peuvent être proposées sur le *fleuve Adige*. Cette rivière serpente le long des vignobles, des châteaux et des villages pittoresques en traversant la région pittoresque du Tyrol du Sud. Les eaux sereines et les environs pittoresques en font une option parfaite pour les familles et les individus cherchant à savourer une journée tranquille au bord de l'eau.

En conclusion, les lacs et rivières des Dolomites offrent une variété d'activités nautiques passionnantes. Au milieu d'une beauté naturelle à couper le souffle, la région offre quelque chose à tous les amateurs de sports nautiques, des vents exigeants du lac de Garde aux eaux tranquilles du lac de Braies, et des rapides exaltants de la rivière Noce au cours paisible du fleuve Adige.

Chapitre 3 : Délices culinaires

Cuisine de montagne habituelle

Les Dolomites, une région montagneuse à couper le souffle du nord-est de l'Italie, offrent une expérience culinaire distinctive et incroyablement traditionnelle. Des plats riches et savoureux qui rendent hommage à l'histoire et à la culture de la région définissent la cuisine locale. Pilier de nombreuses maisons des Dolomites, la polenta est fabriquée à partir de semoule de maïs pilée et se marie bien avec les fromages crémeux ou les ragoûts copieux et charnus. Le canederli, qui sont des boulettes de pain fourrées au fromage, aux herbes et au speck (une sorte de jambon fumé), est un autre plat classique généralement servi dans un bouillon savoureux.

Dans la cuisine des Dolomites, l'utilisation d'ingrédients de la région est cruciale. De nombreux plats nécessitent des produits laitiers frais, du gibier sauvage et des champignons. Le goulasch, un ragoût copieux à base de porc, d'oignons et de paprika, est un plat qui démontre l'influence de l'Autriche et de la Hongrie voisines. De plus, l'origine autrichienne de la région se reflète dans le strudel, un dessert populaire à base de pommes, de raisins secs et d'épices.

La nourriture des Dolomites est fortement influencée par les changements saisonniers. Alors que les herbes et légumes frais sont disponibles au printemps, le menu est dominé par le gibier et les châtaignes à l'automne. En raison de cette concentration sur les légumes de saison, les repas seront certainement savoureux et frais. La cuisine traditionnelle de montagne des Dolomites est un délicieux voyage culinaire à travers des saveurs copieuses et chaleureuses transmises au fil des années.

Meilleures options de restauration et refuges alpins

Manger dans les Dolomites est une expérience unique qui allie gastronomie et vues imprenables. Chacun des nombreux établissements gastronomiques et chalets alpins pittoresques de la région offre une expérience gastronomique distinctive. L'un des plus connus est le St. Hubertus de San Cassiano, récompensé de trois étoiles Michelin pour sa vision inventive des spécialités régionales. La philosophie « Cuisinez la montagne » du chef Norbert Niederkofler met fortement l'accent sur la durabilité et l'utilisation des ressources locales, produisant des plats à la fois inventifs et profondément ancrés dans l'histoire.

La Stüa de Michil, un restaurant étoilé Michelin de Corvara réputé pour son ambiance à la fois sophistiquée et accueillante, est un autre établissement remarquable. Ici, la cuisine inspirée des Dolomites est créée par le chef Arturo Spicocchi, en mettant l'accent sur des ingrédients frais cultivés localement. Les voyageurs peuvent visiter l'un des nombreux refuges de montagne disséminés dans la région pour une expérience culinaire plus chaleureuse. Les « rifugi », ou cabanes, offrent aux randonneurs un cadre cosy et convivial pour déguster de copieux repas faits maison.

Le Rifugio Fuciade, proche du col de San Pellegrino, est une excellente illustration d'un lodge alpin qui offre une cuisine alléchante et des vues à couper le souffle. Savourez des plats classiques comme des pâtes faites maison aux champignons sauvages ou de la polenta au ragoût de chevreuil tout en admirant le magnifique décor de montagne. Les Dolomites offrent une expérience culinaire unique et variée, que ce soit dans un restaurant opulent ou dans un charmant chalet alpin.

Vignobles et dégustation de vins

Les Dolomites sont réputées pour leurs superbes vins en plus de leurs paysages à couper le souffle et de leur cuisine authentique. Le terroir distinct, façonné par la diversité climatique et la topographie vallonnée, offre des conditions viticoles parfaites. Les amateurs de vin peuvent visiter une variété de vignobles et de caves qui créent certains des vins les plus renommés d'Italie.

Le Haut-Adige, ou Tyrol du Sud, est l'une des régions viticoles les plus connues des Dolomites. Les vins blancs de cette région sont réputés, notamment le Gewürztraminer, qui présente des arômes de litchi, d'épices et de pétale de rose. Le Pinot Grigio, réputé pour ses arômes piquants et son acidité prononcée, est un autre vin d'exception. L'un des plus anciens vignobles du monde, Abbazia di Novacella, est l'un des vignobles que les visiteurs peuvent visiter et déguster une gamme de vins tout en découvrant le processus de vinification.

Le Lagrein et le Schiava sont les deux cépages rouges les plus connus produits dans la région. Alors que le Schiava est plus léger et délicat, avec des notes de cerises et d'amandes, le

Lagrein est un vin rouge profond et fort aux saveurs de fruits noirs et d'épices. Dans les Dolomites, les excursions de dégustation de vins comprennent souvent des visites de charmants vignobles où les visiteurs peuvent déguster les vins avec des fromages et des charcuteries régionaux.

Les visiteurs peuvent participer à des visites guidées des vignobles, qui offrent une introduction approfondie à la culture viticole de la région et s'arrêter dans de nombreux vignobles, pour une expérience plus immersive. Les vins des Dolomites offrent une occasion unique de découvrir leurs saveurs distinctes et vives, et ces voyages incluent souvent des dégustations de vins rares et en édition limitée.

Délices locaux à déguster

Une grande variété de spécialités régionales qui mettent en valeur la riche histoire culinaire de la région se trouvent dans les Dolomites, qui constituent un paradis culinaire. Caractéristique de la cuisine du Tyrol du Sud, le speck est une forme de jambon séché à sec et délicatement fumé qui vaut vraiment la peine d'être essayé. Avec sa saveur fumée unique, le speck est fréquemment consommé seul, en fines tranches ou comme ingrédient dans diverses recettes.

Le Kaminwurzen, une saucisse fumée à base de porc et de bœuf et assaisonnée d'un mélange d'épices, d'ail et de poivre, est une autre spécialité de la région. Ces saucisses sont idéales comme entrée ou comme plat principal d'un dîner alpin classique. Les visiteurs devraient également goûter aux nombreuses variétés de fromages fabriqués dans la région, notamment le Formaggio di Fossa, qui est affiné dans des fosses souterraines pour développer sa saveur distincte, et le Puzzone di Moena, un fromage piquant à la texture crémeuse.

Les Dolomites offrent de nombreuses spécialités délicieuses aux personnes ayant un appétit sucré. Un dessert très apprécié est le strudel aux pommes, une pâtisserie aux raisins secs, aux amandes et aux pommes épicées qui est souvent servie chaude et garnie de crème fouettée. Les Krapfen, une sorte de beignet fourré à la crème anglaise ou à la confiture d'abricots et idéal pour accompagner une tasse de café, sont un autre délice délicieux.

Le ciarî di cipete, une pâtisserie savoureuse farcie d'un mélange de pommes de terre, d'oignons et de speck, est un délice distinctif à ne pas manquer. Cette recette est une excellente illustration de la nourriture robuste et chaleureuse qui fait la renommée des Dolomites. La découverte des spécialités régionales des Dolomites est un voyage gastronomique qui donne une idée des riches coutumes et saveurs de la région.

Cours de cuisine et visites gastronomiques

Les ateliers de cuisine et les excursions gastronomiques offrent une expérience pratique engageante et agréable aux personnes qui souhaitent s'immerger pleinement dans la culture gastronomique des Dolomites. Partout dans la région, des ateliers de cuisine sont proposés, permettant aux participants d'apprendre à réaliser une cuisine régionale à base de produits de saison.

Les cours de cuisine dispensés par l'Hôtel Rosa Alpina à San Cassiano sont un choix très apprécié. Des chefs professionnels enseignent aux participants la préparation de spécialités traditionnelles des Dolomites comme le strudel, la polenta et la polenta. Une visite au marché du quartier pour choisir des produits frais est fréquemment intégrée aux séances, qui sont ensuite suivies d'une séance de cuisine pratique et d'un délicieux dîner mettant en valeur les aliments préparés.

Une autre excellente méthode pour découvrir les merveilles culinaires des Dolomites consiste à organiser des visites gastronomiques. Ces voyages comprennent généralement des arrêts dans les fermes, les vignobles et les laiteries des environs, où les clients peuvent déguster une gamme de produits locaux et découvrir les techniques de production habituelles. Un tel circuit est le circuit "Le Goût des Dolomites", qui amène les visiteurs dans de nombreux lieux différents, tels qu'une cave, une fromagerie et une fabrique de speck. Tout au long du parcours, les visiteurs peuvent savourer des échantillons de vins, fromages et viandes régionaux pour mieux comprendre la riche histoire culinaire de la région.

Des visites culinaires privées peuvent être programmées pour offrir aux clients une expérience plus individualisée en personnalisant le programme en fonction de leurs intérêts. Les ateliers culinaires et les excursions culinaires offrent une manière inoubliable de savourer les saveurs des Dolomites, que ce soit en créant des pâtes maison, en apprenant les secrets de la fabrication du fromage traditionnel ou en s'adonnant à une dégustation de vins.

Chapitre 4 : Une histoire riche

Les Dolomites, situées dans le nord de l'Italie et reconnues comme site du patrimoine mondial de l'UNESCO, ont une longue et illustre histoire. Connue pour sa beauté naturelle à couper le souffle, cette chaîne de montagnes a servi de carrefour à de nombreuses cultures, dont chacune a laissé son empreinte sur la région.

Il est prouvé que les humains vivent dans les Dolomites depuis l'ère mésolithique, époque à laquelle la région a été habitée pour la première fois. Des outils en pierre et des gravures préhistoriques découverts lors de fouilles archéologiques offrent un aperçu des activités quotidiennes de ces premiers colons. Le peuple rhétique a apporté avec lui de nouveaux éléments culturels à son arrivée à l'âge du fer. Ils construisirent des villes fortifiées et commercèrent avec les régions voisines.

Les Dolomites ont été incorporées au vaste empire romain lors de l'invasion romaine au premier siècle avant JC. L'importance stratégique de la région a été accrue par la construction d'autoroutes et d'avant-postes militaires, qui ont facilité le déplacement des soldats et du ravitaillement. Les ponts et les forteresses romaines font partie des ruines de l'architecture romaine qui rappellent encore cette période historique.

Les Dolomites étaient une frontière disputée entre plusieurs seigneurs et royaumes féodaux au Moyen Âge. En raison de la topographie accidentée de la région, qui offrait des fortifications naturelles, de nombreux châteaux et places fortes furent construits. Ces bâtiments ont joué un rôle essentiel dans les luttes de pouvoir de l'époque en agissant à la fois comme bastions militaires et zones résidentielles.

Les Dolomites ont connu une période relativement stable et prospère au cours de la Renaissance. La région est devenue un important centre commercial avec la création de la République de Venise au XVe siècle. Le style particulier de l'architecture et de la culture locales reflète l'influence vénitienne dans les arts.

Les Dolomites ont connu des changements importants au XIXe siècle en raison de l'essor de la recherche scientifique et du tourisme. La géologie particulière de la région a attiré l'attention des naturalistes et des géologues, qui ont mené des recherches approfondies et ont donné à la roche des Dolomites le nom du géologue français Déodat Gratet de Dolomieu. L'essor de l'alpinisme a attiré des aventuriers et des grimpeurs de toute l'Europe, popularisant grandement la région.

Les événements de la Première Guerre mondiale ont profondément marqué les Dolomites au XXe siècle. Les soldats italiens et austro-hongrois ont utilisé les montagnes comme champ de bataille, creusant des tranchées, des tunnels et des fortifications dans la roche. Ces ruines sont conservées en tant que monuments historiques et servent de rappels émouvants des combats d'aujourd'hui.

Les Dolomites d'aujourd'hui commémorent encore leur riche passé à travers une variété de festivals et d'événements culturels. Avec fierté, l'artisanat, la cuisine et les rituels traditionnels sont respectés, donnant aux clients un fort sentiment de lien historique. L'histoire des Dolomites est une tapisserie composée d'innombrables récits, dont chacun ajoute au riche héritage culturel qui caractérise cette région extraordinaire.

Civilisations anciennes des Dolomites

L'histoire de la région a été profondément influencée par les anciennes civilisations qui ont élu domicile dans les Dolomites en raison de leurs paysages saisissants et de leur faune abondante. En raison de leur capacité à s'adapter à leur environnement hostile, ces premiers colons ont créé des cultures distinctes qui ont captivé à la fois les historiens et les archéologues.

C'est au Paléolithique que les Dolomites montrent pour la première fois des signes d'activité humaine. Les chasseurs-cueilleurs parcouraient la région, utilisant les grottes et les abris naturels comme lieux de cachette. Cela a été démontré par les sites archéologiques. Des outils et des sculptures en pierre ont été découverts dans des endroits comme la Vallée d'Ampezzo et le Val di Fassa, démontrant l'inventivité et la flexibilité de ces peuples préhistoriques.

Dans les Dolomites, des communautés plus permanentes ont commencé à apparaître dès l'âge du bronze. Situés sur des collines d'importance stratégique, le peuple rhétique, un groupe ethnique important dans la région, a construit des villages fortifiés. Ces communautés se distinguaient par leurs structures défensives complexes et leur architecture en pierre sèche.

Les Rhètes étaient des commerçants, des agriculteurs et des éleveurs qui reliaient les Dolomites à des régions lointaines.

Les Dolomites ont bénéficié des nouveaux développements culturels et technologiques apportés par les Étrusques et, plus tard, par les Romains. Les autoroutes romaines favorisaient le commerce et les voyages ; quelques-uns de ces itinéraires sont encore visibles aujourd'hui. Les Dolomites furent incluses dans l'Empire romain avec la construction de villas et d'avant-postes militaires. Les pièces de monnaie, les céramiques et les inscriptions sont des exemples d'objets qui offrent des informations importantes sur cette phase d'occupation et d'assimilation romaine.

Le peuple celtique s'est installé dans les Dolomites à l'âge du fer et a mélangé sa culture avec celle des Rhètes indigènes. La découverte d'outils, d'armes et de bijoux tout au long de cette période démontre l'avancement de compétences complexes en matière de travail des métaux. De plus, les Celtes ont apporté de nouvelles techniques agricoles qui ont augmenté la productivité de la région.

Une période de troubles et de changements a suivi la chute de l'Empire romain au cinquième siècle après JC. Les Ostrogoths et les Lombards étaient deux tribus germaniques qui se battaient pour la domination des Dolomites, devenues une zone frontalière. Le tissu historique de la région a été encore renforcé par les influences culturelles apportées par ces tribus.

Les Dolomites ont été incorporées au Saint Empire romain germanique au Moyen Âge, lorsque les évêques et les seigneurs féodaux dirigeaient la région. De nombreuses églises, monastères et châteaux construits à cette époque survivent encore aujourd'hui. Les échanges linguistiques et coutumiers résultaient de l'interaction culturelle entre les autochtones et les nouveaux arrivants des régions germaniques.

En conclusion, les anciennes civilisations des Dolomites ont apporté une contribution substantielle à la riche histoire historique de la région. Chaque tribu, depuis les anciens chasseurs-cueilleurs jusqu'aux colons romains et aux dirigeants féodaux médiévaux, a laissé sa propre marque culturelle. Fenêtre sur le passé, les sites archéologiques et les vestiges disséminés dans les Dolomites démontrent la ténacité et l'adaptation des peuples qui ont vécu dans cette région sauvage.

Forteresses et châteaux médiévaux

Les Dolomites sont depuis longtemps un site militaire et architectural important en raison de leur topographie difficile et de leur emplacement avantageux. De nombreux châteaux et forteresses ont été construits au Moyen Âge pour servir à la fois de fortifications défensives et de demeures aristocratiques. Ces fortifications offrent un regard intrigant sur le passé mouvementé de la région ainsi que sur l'inventivité de l'architecture de l'époque.

Castel Trostburg, situé à proximité du Ponte Gardena, est l'un des châteaux les plus célèbres des Dolomites. Construit au XIIe siècle, cet édifice imposant avec vue sur la vallée de l'Isarco fait partie intégrante de l'histoire de la région. L'architecture du château, mêlant éléments gothiques et romans, est forte et possède des tours de guet, une chapelle restaurée et des murs épais. Aujourd'hui, Castel Trostburg abrite un musée qui présente des reliques du Moyen Âge et donne un aperçu de la vie quotidienne de ceux qui y vivaient.

Castel Roncolo, parfois appelé Schloss Runkelstein, est une autre fortification impressionnante située à proximité de Bolzano. Ce château du XIIIe siècle est bien connu pour ses énormes peintures murales représentant des scènes de chasse, de chevalerie et de vie de cour. Ces peintures murales colorées offrent une documentation visuelle unique sur les mœurs et coutumes de la société médiévale. Le château était un solide bâtiment défensif qui gardait l'entrée de la vallée du Sarentino en raison de son emplacement avantageux au sommet d'un éperon rocheux.

Un autre exemple remarquable de fortification médiévale dans les Dolomites est le château de Bruneck, situé dans la ville de Bruneck. Construit au XIIIe siècle comme palais et centre administratif, le château appartenait aux princes-évêques de Brixen. Le château de Brunico a été modifié au fil des âges, incorporant des styles architecturaux gothique, Renaissance et roman. Le Messner Mountain Museum, consacré à l'histoire et à la culture de la montagne, s'y trouve actuellement.

Les Dolomites regorgent d'innombrables ruines qui, en plus de ces châteaux bien conservés, racontent des histoires de conflits antérieurs et de relations de pouvoir changeantes. Situées sur une falaise rocheuse de la vallée de Livinallongo, les ruines du château d'Andraz constituent un témoignage saisissant du passé féodal de la région. Construit vers le XIe siècle, la situation avantageuse du château lui permettait de garder le contrôle sur les environs et de sauvegarder les routes commerciales.

Un autre édifice médiéval important est le Château de San Michele à Ossana, Val di Sole. Les murs défensifs et le haut donjon du château sont toujours debout, bien qu'ils aient été en grande partie détruits. Cette forteresse fut le théâtre de plusieurs sièges et guerres et fut cruciale pour la protection de la région.

La découverte des châteaux et des forteresses médiévales des Dolomites favorise une compréhension profonde du contexte historique complexe et de l'héritage architectural de la région. Ces bâtiments remplissaient des fonctions militaires en plus de devenir des centres culturels et gouvernementaux de la communauté. La combinaison d'éléments architecturaux gothiques, Renaissance et romans capture la variété des influences historiques qui ont façonné les Dolomites. Ces châteaux rappellent désormais une époque révolue, invitant les touristes à voyager dans le temps et à découvrir le passé fascinant de cette région étonnante.

Monuments et sites de la Première Guerre mondiale

Durant la Première Guerre mondiale, les Dolomites constituèrent un front vital dans le conflit entre les armées austro-hongroise et italienne. De nombreux lieux et mémoriaux qui témoignent des sacrifices consentis au cours de cette période mouvementée ont été laissés derrière eux à la suite de la bataille intense et prolongée qui s'est déroulée sur fond de paysage accidenté et de sommets de haute altitude.

Le musée en plein air des 5 Torri, à côté de Cortina d'Ampezzo, est l'un des sites les plus émouvants de la Première Guerre mondiale dans les Dolomites. Les tranchées, tunnels et positions d'armes de guerre sont conservés dans ce musée en plein air. En se promenant sur le champ de bataille préservé, les visiteurs peuvent avoir un aperçu personnel des circonstances difficiles auxquelles les soldats ont été confrontés. Le musée propose des visites guidées qui partagent les expériences de combat individuelles des troupes ainsi que le contexte historique de ces montagnes.

Les tunnels de Lagazuoi sont un autre site important de la Première Guerre mondiale dans les Dolomites. Dans le cadre de leur guerre stratégique, les forces italiennes et austro-hongroises ont creusé ces tunnels dans les montagnes. Les tunnels servaient de lieux de cachette, de communication et de lancement d'attaques. Certains d'entre eux sont descendus jusqu'à plusieurs centaines de mètres. Les visiteurs peuvent désormais explorer ce labyrinthe souterrain et en découvrir davantage sur la ténacité et l'inventivité des troupes en visitant les tunnels de Lagazuoi.

Le fort Tre Sassi, situé sur le col de Falzarego, était un bastion défensif important pour l'armée austro-hongroise. Après avoir été brutalement bombardées pendant la guerre, les ruines du fort abritent aujourd'hui un musée de la Première Guerre mondiale. Ses expositions, qui présentent des reliques telles que des armes, des uniformes et des effets personnels, offrent aux visiteurs une compréhension approfondie de l'histoire militaire et des expériences de ceux qui ont vécu le combat.

Le Sacrario Militare del Pordoi, érigé en 1936 et abritant les restes de milliers de soldats italiens et austro-hongrois, est un sombre monument militaire honorant ceux qui sont morts dans les Dolomites pendant la Première Guerre mondiale. Il est situé près du col de Pordoi. Le paysage à couper le souffle des Dolomites offre une toile de fond à la contemplation et au recueillement à l'ossuaire et à la chapelle.

Les Dolomites sont parsemées d'innombrables petits monuments, plaques et mémoriaux qui honorent des conflits et des personnes particuliers en plus de ces lieux importants. Par exemple, la région de Monte Piana dispose d'un système de tranchées et de mémoriaux honorant les soldats qui ont combattu dans ce site stratégique vital.

Les Dolomites ont subi de graves dégâts dus à la Première Guerre mondiale, qui ont modifié la topographie et laissé une marque durable dans l'histoire de la région. Les monuments commémoratifs et les champs de bataille préservés aujourd'hui sont des lieux importants d'enseignement et de mémoire. Ils constituent un puissant rappel du coût humain des conflits et de la valeur éternelle de la paix. Visiter ces lieux offre une chance unique de respecter la mémoire de ceux qui ont donné leur vie dans les Dolomites brutales et dures et d'établir un lien avec le passé.

Centres culturels et musées

Célèbres pour leur environnement naturel époustouflant et leur longue histoire, les Dolomites abritent également un large éventail de musées et d'institutions culturelles honorant l'histoire, les coutumes et l'expression artistique de la région. Ces établissements offrent aux clients un aperçu complet de la mosaïque culturelle qui caractérise les Dolomites, mettant en lumière tout, de l'art moderne aux civilisations anciennes.

Parmi les établissements culturels les plus importants des Dolomites se trouve le Messner Mountain Museum, une collection de six musées créée par l'éminent alpiniste Reinhold Messner. Chaque musée se concentre sur une facette distincte de l'histoire et de la culture de la montagne. Situé dans le château de Bruneck, le MMM Dolomites aborde les thèmes de l'aventure, de la spiritualité et de la survie, tout en examinant la relation entre les humains et les montagnes. Une variété d'artefacts, d'images et de présentations multimédias sont exposés pour illustrer l'importance culturelle des montagnes dans diverses communautés.

Le Musée archéologique du Tyrol du Sud, situé à Bolzano, est une importante institution des Dolomites. L'élément le plus célèbre de ce musée est Ötzi l'homme des glaces, une momie de l'âge du cuivre étonnamment bien conservée. Les expositions du musée offrent un aperçu approfondi de la vie et de l'époque d'Ötzi, couvrant ses biens, ses vêtements et son environnement. Cette découverte continue de susciter l'intérêt des universitaires et des visiteurs, fournissant des informations inestimables sur la vie préhistorique dans les Dolomites.

Le peuple ladin est un groupe ethnique indigène des Dolomites et est au centre du musée ladin de Saint-Martin à Thurn. Une exploration approfondie de la langue, de la culture et des coutumes ladines est proposée par ce musée. Des vêtements traditionnels, des articles ménagers et des outils agricoles sont exposés ainsi que des expositions interactives mettant en valeur le mode de vie ladin. Le musée comprend également une exposition sur la géologie particulière des Dolomites, qui explique comment la topographie inhabituelle de la région a influencé les personnes qui y vivent et leur mode de vie.

Le musée Gherdëina d'Ortisei est une véritable mine d'or d'art et d'histoire régionaux. Ce musée met en valeur l'héritage artistique de la région, avec un accent particulier sur la sculpture sur bois, un artisanat coutumier dans la Val Gardena. Les visiteurs peuvent admirer des sculptures contemporaines, des objets domestiques et des personnages religieux finement sculptés qui illustrent le développement séculaire de cette forme d'art. Des expositions historiques retraçant l'évolution de la région du Val Gardena depuis la préhistoire jusqu'à nos jours sont également exposées au musée.

Les Dolomites abritent plusieurs petits pôles culturels et musées régionaux qui mettent en valeur certaines facettes de l'histoire locale en plus de ces grands musées. Par exemple, des empreintes de dinosaures et des reliques de civilisations passées font partie des découvertes archéologiques exposées au musée Vittorino Cazzetta de Selva di Cadore. La langue et la culture ladines sont promues à travers des cours et des activités organisés à l'Institut culturel ladin de la vallée de Fassa.

Le riche héritage culturel des Dolomites est vitalement préservé et promu par ces musées et centres culturels. Ils offrent des opportunités éducatives qui favorisent une compréhension et une appréciation plus approfondies de l'histoire, de l'art et des coutumes de la région, tant pour les résidents que pour les touristes. Ces organisations donnent un aperçu de l'esprit des Dolomites, qu'elles examinent le mode de vie des peuples préhistoriques, le savoir-faire de l'artisanat régional ou le lien profond entre l'homme et les montagnes.

Folklore et Légendes

Les Dolomites sont une région pleine de mythes et de légendes en raison de leurs sommets imposants et de leurs vallées profondes. Ces légendes, transmises au fil des années, confèrent à la région une qualité mystérieuse qui se marie bien avec son riche contexte historique et la splendeur de ses paysages. Les croyances, les angoisses et les valeurs des personnes qui vivent dans cet environnement hostile depuis des millénaires se reflètent dans les histoires des Dolomites.

La mythologie du Royaume de Fanes est parmi les plus connues des Dolomites. Le conte raconte qu'une reine juste et intelligente a supervisé le riche et puissant royaume de Fanes. Cependant, la trahison du mari de la reine, qui a conclu un accord avec des adversaires pour son bénéfice personnel, a provoqué l'effondrement du royaume. On rapporte que les membres restants de la lignée royale Fanes ont fui dans les montagnes avec leurs fidèles fidèles, où ils attendent le retour de leur royaume disparu. Chaque année, une célébration honorant cette légende est organisée, accompagnée de danses, de musique et de contes traditionnels.

Une autre mythologie bien connue des Dolomites est l'histoire du roi Laurin et de sa roseraie. Le roi nain Laurin présidait une magnifique roseraie nichée dans les montagnes.

Le jardin a été découvert par un prince qui souhaitait épouser la fille de Laurin car les roses étaient si séduisantes qu'elles pouvaient être observées de loin. Laurin devint furieux et maudit le jardin, disant qu'on ne le verrait jamais de jour ni de nuit. Il a également négligé le crépuscule, et on suppose que cette malédiction est à l'origine de l'alpenglow, les tons roses et rouges qui apparaissent sur les montagnes à l'aube et le soir.

La teinte distinctive des Dolomites s'explique par la mythologie de la Montagne Pâle. Cette histoire raconte comment les montagnes étaient autrefois sombres et menaçantes, mais qu'une princesse de la lune épousa un prince terrestre. Elle avait du mal à s'adapter aux montagnes sombres et les lumières vives de sa maison lui manquaient. Son père, le roi de la lune, donnait aux montagnes leur teinte pâle caractéristique en les saupoudrant de poussière de lune brillante afin de la rendre heureuse.

Il existe de nombreuses histoires sur les sorcières, les esprits et les animaux légendaires des Dolomites. Par exemple, des rumeurs courent selon lesquelles le glacier Marmolada, dans le Val di Fassa, serait hanté par l'esprit d'un petit enfant surpris en train de voler du lait et ensuite transformé en glace. Certaines personnes affirment avoir entendu les pas d'un soldat décédé pendant la Première Guerre mondiale résonner dans les tunnels de la montagne Lagazuoi et pensent que la montagne est hantée.

Ces contes et légendes populaires des Dolomites sont plus que de simples contes ; ils représentent une composante essentielle du patrimoine culturel de la région. Ils évoquent l'étonnement et un sentiment de respect pour les magnifiques montagnes, reflétant le lien étroit qui existe entre l'homme et le monde naturel. Ces histoires sont encore racontées et appréciées aujourd'hui, contribuant à la survie de la riche tradition orale des Dolomites.

Chapitre 5 : Options d'hébergement

Hôtels et complexes hôteliers haut de gamme

Site du patrimoine mondial de l'UNESCO dans le nord de l'Italie, les Dolomites offrent une variété d'options d'hébergement somptueuses qui garantissent une expérience extravagante au milieu de paysages alpins à couper le souffle. Les complexes hôteliers et hôtels de luxe de cette région offrent l'équilibre parfait entre confort, élégance et service de premier ordre pour satisfaire même les touristes les plus exigeants.

Les hébergements luxueux de la région sont mieux représentés par des établissements haut de gamme comme le Rosa Alpina Hotel & Spa, situé dans le centre de San Cassiano. Ce complexe cinq étoiles propose un centre de bien-être ultramoderne, des restaurants raffinés et des hébergements élégamment meublés. Profitez de la piscine intérieure, bénéficiez de soins de spa personnalisés et dînez au restaurant sur place proposant une cuisine étoilée Michelin.

L'hôtel Gardena Grödnerhof à Ortisei mérite également une mention. Cet établissement Relais & Châteaux est réputé pour son atmosphère haut de gamme, qui comprend des piscines intérieure et extérieure, une cuisine gastronomique et un centre de santé. Le décor spectaculaire des Dolomites améliore encore l'expérience inoubliable offerte par l'attention méticuleuse portée aux détails, tant dans le service que dans les équipements.

Le Cristallo, un Luxury Collection Resort & Spa à Cortina d'Ampezzo, avec son mélange de luxe contemporain et de charme ancien, offre une expérience incroyable. Pour les clients souhaitant se détendre et profiter, les options de restauration exquises du complexe, le spa spacieux et les chambres et suites élégantes constituent le refuge idéal.

Des services supplémentaires tels que des visites guidées privées, des promenades en hélicoptère et des itinéraires personnalisés sont fréquemment proposés par les hébergements de luxe dans les Dolomites, garantissant que les visiteurs peuvent découvrir les environs à couper le souffle de la manière la plus opulente possible. Combinant des intérieurs somptueux avec les Dolomites à couper le souffle, ces stations et hôtels représentent le summum de l'hospitalité et offrent une escapade alpine mémorable.

Cabanes et refuges de montagne traditionnels

Les refuges et chalets de montagne rustiques des Dolomites offrent une occasion privilégiée d'interagir avec la nature et d'apprécier la culture alpine traditionnelle de la région pour ceux qui recherchent une expérience plus authentique et immersive. Pour ceux qui aiment le plein air et l'aventure, ces options d'hébergement offrent un environnement chaleureux et accueillant.

Appelés localement « rifugi », les refuges de montagne sont stratégiquement positionnés à côté des sentiers de randonnée pour offrir un refuge aux randonneurs naviguant sur le vaste réseau de sentiers qui serpentent à travers les Dolomites. Ces cabanes, comme le Rifugio Lagazuoi et le Rifugio Nuvolau, proposent un hébergement simple mais confortable, généralement avec des espaces de restauration communs, des lits de style dortoir et une cuisine locale substantielle. Lors de votre séjour dans un rifugio, vous pourrez profiter d'une vue panoramique sur les sommets environnants, de la camaraderie des randonneurs et des possibilités de raconter des histoires.

À l'inverse, les cabanes offrent un peu plus d'isolement et peuvent être aussi basiques que des bâtiments en bois ou aussi ornées que des chalets grandioses. Il existe d'innombrables cabanes pittoresques disséminées dans des endroits comme Val Gardena et Alpe di Siusi qui créent une atmosphère chaleureuse et accueillante. Des éléments essentiels tels qu'une kitchenette, une cheminée et des sièges extérieurs sont fréquemment inclus dans ces hébergements, permettant aux visiteurs de profiter du cadre tranquille à leur guise.

Les hébergements rustiques sont souvent situés dans des zones isolées accessibles uniquement à pied ou en téléphérique, ce qui ajoute au sentiment d'isolement et d'aventure. Avec des activités à proximité comme la randonnée, l'escalade et l'observation des animaux, vous pourrez profiter du style de vie décontracté des montagnes. Une expérience alpine étonnante est produite par le charme rustique de ces cabanes et chalets et par la beauté naturelle à couper le souffle des Dolomites.

Hébergement familial

Les Dolomites sont un endroit merveilleux pour voyager en famille, et la gamme d'options d'hébergement adaptées aux familles disponibles améliore encore l'expérience. Avec ses grandes chambres, ses équipements adaptés aux enfants et ses activités familiales, ces hébergements sont conçus pour les familles, garantissant un séjour agréable et agréable aux clients de tous âges.

L'hébergement familial est une spécialité d'hôtels comme le Cavallino Bianco Family Spa Grand Hotel à Ortisei, qui offre une large gamme d'installations adaptées aux parents et aux enfants. En plus de l'hébergement familial et d'une gamme d'activités intérieures et extérieures comme des aires de jeux, des piscines et des excursions familiales guidées, l'hôtel dispose d'un club pour enfants spécialisé. Les soins spa de la section bien-être sont adaptés aux familles, afin que les adultes et les enfants puissent se détendre.

Un autre excellent choix pour les familles à Alta Badia est l'Hôtel Dolomiti. Il garantit un séjour amusant aux parents et aux enfants avec ses grandes chambres familiales, son aire de jeux pour enfants et ses randonnées familiales planifiées. En hiver, les familles qui aiment faire du ski ou du snowboard trouveront pratique la proximité de l'hôtel avec le domaine Dolomiti Superski.

Les agritourismes familiaux, comme ceux du Val Pusteria, offrent une expérience unique. Les enfants peuvent côtoyer les animaux de la ferme, participer aux tâches agricoles et acquérir des connaissances sur la vie rurale en visitant ces fermes actives. Les familles peuvent participer à des activités divertissantes et instructives tout en profitant de l'air pur de la montagne, des repas faits maison et du cadre tranquille lors de leur séjour dans un agritourisme.

Dans les Dolomites, les hébergements familiaux sont souvent dotés de fonctionnalités supplémentaires, notamment une cuisine adaptée aux enfants, des services de garde d'enfants et des divertissements adaptés aux familles. Tous les membres de la famille, des plus jeunes aux plus âgés, peuvent profiter pleinement de leur séjour à la montagne grâce à ces hébergements.

Les Dolomites sont un endroit idéal pour des vacances familiales amusantes en raison de leurs hébergements familiaux qui privilégient le confort, la sécurité et le plaisir.

Des logements abordables

Voyager à petit budget dans les Dolomites est parfaitement possible car il existe de nombreuses options d'hébergement abordables qui offrent commodité et confort sans dépasser le budget. Ces choix satisfont les touristes à la recherche d'un hébergement à un prix raisonnable tout en donnant accès aux paysages à couper le souffle et aux activités de plein air qui font la renommée de la région.

Les auberges, comme l'Ostello di Cortina à Cortina d'Ampezzo, offrent aux groupes, aux voyageurs seuls et aux routards un choix abordable. Ces auberges disposent d'espaces sociaux où les visiteurs peuvent rencontrer d'autres voyageurs, de cuisines communes et d'hébergements de style dortoir. Les prix raisonnables des auberges permettent aux touristes disposant d'un budget serré de prolonger leur séjour et de découvrir davantage les Dolomites.

Une autre option d'hébergement abordable consiste à séjourner dans des chambres d'hôtes (B&B) dans des endroits comme Arabba et Selva di Val Gardena. Ces B&B proposent un hébergement confortable pour une fraction du prix des hôtels haut de gamme, incluant souvent le petit-déjeuner. Pour les visiteurs souhaitant ressentir le confort de la culture alpine, les chambres d'hôtes (B&B) présentent un choix charmant et économique en raison de leur service personnalisé et de leur accueil chaleureux.

Dans les Dolomites, le camping est une option d'hébergement à faible coût très appréciée, avec plusieurs terrains de camping situés dans des cadres pittoresques. Des campings comme le Camping Sass Dlacia et le Camping Seiser Alm proposent des espaces pour tentes, caravanes et camping-cars ainsi que des équipements de base comme une laverie, des toilettes et des douches. Une expérience immersive est offerte par le camping, où les visiteurs peuvent se réveiller aux sons de la nature et à la vue de sommets majestueux.

En plus d'être à proximité des sentiers de randonnée et d'avoir accès aux transports en commun, plusieurs options d'hébergement abordables permettent aux visiteurs de découvrir facilement les Dolomites sans louer de voiture. Ces hébergements proposent également fréquemment des informations sur des activités gratuites ou peu coûteuses, afin que les clients puissent profiter de la beauté naturelle et des options de loisirs de la région sans dépasser leur budget.

Chalets et fermettes pour des séjours insolites

Des hébergements uniques comme des fermes et des chalets offrent une fusion exceptionnelle de charme rustique, de confort et d'authenticité pour une expérience véritablement unique dans les Dolomites. Ces options d'hébergement offrent une occasion unique de profiter de l'environnement alpin à couper le souffle et de s'immerger pleinement dans la culture locale.

Les habitations alpines traditionnelles transformées en logements sont connues sous le nom de « », ou fermes. Ces fermes situées dans des zones rurales tranquilles donnent un aperçu du mode de vie agricole des Dolomites. Les visiteurs peuvent interagir avec les animaux, participer aux activités de la ferme et manger des repas préparés à partir d'ingrédients frais et locaux. Dans le Val di Rabbi, on trouve des fermes avec des chambres chaleureuses et accueillantes qui donnent aux visiteurs le sentiment d'être des membres de la famille, comme Maso Color.

Généralement situés dans des régions pittoresques comme le Val di Fassa et le Val Badia, les chalets offrent une expérience d'hébergement à la fois opulente et authentique.

Ces bâtiments traditionnels en bois de style alpin créent une atmosphère chaleureuse et accueillante. Avec des caractéristiques telles que des cheminées, des balcons privés et des vues imprenables sur les montagnes, des chalets comme le chalet Fogajard de Madonna di Campiglio allient commodités modernes et charme rustique.

De nombreux chalets et fermes sont situés dans des endroits isolés, offrant aux visiteurs la possibilité de s'éloigner du stress de la vie quotidienne et de renouer avec le monde naturel. Ces hébergements offrent un accès facile à des activités comme la randonnée, le ski et l'observation des animaux, offrant ainsi aux clients de nombreuses occasions de découvrir la splendeur naturelle à couper le souffle des Dolomites.

Une combinaison unique de confort, d'authenticité et d'immersion culturelle peut être obtenue en séjournant dans une ferme ou un chalet. Avec ces hébergements, les visiteurs peuvent s'immerger pleinement dans les Dolomites et se forger des souvenirs inoubliables de leur voyage en montagne. Découvrez le charme des Dolomites de manière mémorable avec ces séjours uniques, que ce soit autour d'un dîner fait maison dans une ferme ou en vous prélassant au coin du feu dans un chalet.

Chapitre 6 : Conseils pratiques

Comment se rendre et traverser les Dolomites

Pour garantir un voyage confortable, il est nécessaire de planifier stratégiquement votre voyage dans les Dolomites. Les aéroports de Munich, Milan et Venise sont les points d'entrée les plus fréquemment utilisés. L'aéroport le plus proche est Marco Polo à Venise, à environ deux heures de route. Il est conseillé de louer une voiture depuis ces centres si vous avez besoin de flexibilité, car les options de transport en commun peuvent être rares dans les endroits éloignés.

Vous pouvez avancer à votre propre rythme et explorer librement de belles routes lorsque vous conduisez. Mais soyez prêt à affronter des routes sinueuses et une météo imprévisible. Les grandes villes comme Bolzano, Trente et Cortina d'Ampezzo sont reliées par des trains et des bus si vous ne souhaitez pas conduire. Les alternatives de transport confortables incluent les bus longue distance comme FlixBus et le service de train régional Trenitalia.

Les horaires varient, mais une fois dans les Dolomites, le service Dolomiti Bus couvre de nombreux villages et points de départ de sentiers de randonnée. Des services de navettes privées et de taxis sont disponibles pour une expérience plus personnalisée. Des ski-bus relient les stations de ski et les hébergements pendant les mois d'hiver.

Les amateurs de cyclisme peuvent louer des vélos et il existe de nombreux endroits dotés de pistes cyclables désignées. Les vélos électriques sont un autre choix très apprécié pour naviguer facilement dans les pentes raides. Une navigation efficace dans les Dolomites nécessite préparation et adaptabilité, quel que soit le mode de mobilité choisi.

Climat et météo : à quoi s'attendre

Le climat des Dolomites change radicalement avec l'altitude et la saison. Les étés, qui s'étendent de juin à septembre, sont souvent chauds et agréables, avec des températures maximales quotidiennes de 20 à 25 degrés Celsius. Même si les orages de l'après-midi sont fréquents tout au long de cette saison, particulièrement en juillet et août, elle reste idéale pour les activités de plein air comme la randonnée et l'escalade.

L'automne, qui s'étend d'octobre à novembre, est une belle saison à visiter avec son feuillage magnifique et son temps plus doux. Cependant, durant cette intersaison, de nombreux chalets et services de montagne ferment. Avec des températures souvent inférieures à zéro, l'hiver, qui dure de décembre à mars, fait de la région un paradis pour les sports d'hiver. Il y a beaucoup de chutes de neige, ce qui rend le ski, le snowboard et la raquette fantastiques.

Le retour d'un feuillage luxuriant et le dégel de la neige sont les signes du printemps, qui arrive en avril et mai. Les sentiers plus élevés peuvent encore être recouverts de neige, même si la randonnée est désormais possible à des altitudes plus basses. Étant donné que le temps en montagne peut changer rapidement, il est important de vérifier souvent les prévisions météorologiques et l'état des sentiers.

Quelle que soit la saison, les vêtements superposés, les vêtements imperméables et la protection solaire sont indispensables. Connaître la météo de la région facilite l'organisation d'activités et garantit une expérience relaxante et agréable.

Conseils pour la sécurité des activités de plein air

Lorsque vous pratiquez des activités de plein air dans les Dolomites, la sécurité doit primer. Surtout, n'hésitez jamais à faire connaître à quelqu'un votre itinéraire envisagé et l'heure prévue de votre retour. Étant donné que la météo peut changer soudainement, il est important d'avoir avec vous une carte complète, une boussole et un appareil GPS.

Vérifier l'état des sentiers et les prévisions météorologiques fait partie d'une bonne préparation. Il est plus prudent de reporter ou de prendre un itinéraire différent en cas de mauvais temps. Il est impératif de porter des chaussures de randonnée appropriées, des manteaux imperméables, de s'habiller en plusieurs couches et d'emporter l'équipement nécessaire. Assurez-vous d'avoir le bon équipement pour la neige et la glace en hiver, comme des émetteurs-récepteurs d'avalanche et des crampons.

La nourriture et l'hydratation sont essentielles ; assurez-vous d'avoir suffisamment d'eau et des collations riches en énergie avec vous. Acclimatez-vous progressivement à des altitudes plus élevées et soyez attentif aux signes et symptômes du mal de l'altitude. De plus, gardez une distance sécuritaire avec les animaux et faites preuve de respect envers la faune.

Vous devez enregistrer les numéros d'urgence sur votre téléphone, tels que le 118 pour les secours en montagne et le 112 pour les situations générales. En cas d'urgence, disposer d'une trousse de premiers secours de base et savoir comment l'utiliser peut sauver des vies. Faire une visite guidée ou embaucher un guide local augmente la sécurité et offre des connaissances approfondies sur la région.

Éléments essentiels pour une liste de colisage

Lorsque vous voyagez dans les Dolomites, il est important de bien préparer vos bagages pour garantir que vous serez à l'aise et prêt à affronter toutes les conditions météorologiques. Les couches extérieures imperméables, les couches intermédiaires isolantes et les couches de base évacuant l'humidité sont des vêtements essentiels. Il est essentiel d'avoir des chaussures de randonnée robustes et bien portées, avec des chevilles de soutien, pour affronter des terrains accidentés.

Pour les randonnées d'une journée, un sac à dos fiable doté d'un système d'hydratation est essentiel. Ajoutez un appareil GPS, une boussole et une carte détaillée. Votre sac doit contenir une couverture d'urgence légère, un outil multifonction et une lampe de poche avec des piles supplémentaires. Ajoutez un piolet, des crampons et un équipement de sécurité contre les avalanches pour vos voyages hivernaux.

Il est essentiel d'inclure des produits de santé et d'hygiène comme un baume à lèvres, de la crème solaire, un anti-insectes et une trousse de premiers secours de base. Apportez des repas copieux et des collations riches en énergie, surtout si vous partez loin de la civilisation. Pour rester hydraté, vous devez disposer d'une vessie d'hydratation ou d'une bouteille d'eau réutilisable.

Les effets personnels tels que les documents d'identité, une copie de l'assurance voyage et toutes les ordonnances requises doivent être facilement accessibles. Enfin, n'oubliez pas d'emporter un appareil photo ou un smartphone pour enregistrer les vues incroyables. Vous pouvez faire un voyage incroyable et sans tracas en emballant soigneusement.

Bien-être et santé : rester en forme en voyage

Lorsque vous restez en bonne santé et que vous profitez pleinement de vos vacances dans les Dolomites, vous donnerez le meilleur de vous-même. Commencez par un programme d'exercices avant le voyage qui met l'accent sur la flexibilité, l'entraînement en force et l'endurance cardiovasculaire. L'entraînement en résistance, le vélo et la randonnée aident votre corps à s'adapter aux exigences physiques des activités de montagne.

Buvez beaucoup d'eau et de boissons riches en électrolytes pour rester hydraté pendant votre voyage. Les régions à haute altitude peuvent provoquer une déshydratation plus rapide. Le maintien des niveaux d'énergie nécessite également une alimentation équilibrée comprenant une variété d'aliments riches en graisses, en protéines et en glucides.

Pour conserver son énergie et se remettre d'une blessure, il faut dormir suffisamment. Créez un calendrier qui prévoit suffisamment de temps d'arrêt, même si cela nécessite de modifier vos plans d'origine. Inclure des exercices de mobilité et d'étirement dans votre routine régulière peut aider à minimiser les tensions musculaires et à prévenir les blessures.

Le yoga et la méditation sont des exemples d'exercices de pleine conscience qui peuvent améliorer la santé mentale et vous apprendre à être totalement présent tout en appréciant la beauté de la nature qui vous entoure. Faites attention à votre corps et prenez des jours de congé si nécessaire pour éviter d'en faire trop.

C'est une bonne idée d'avoir une trousse de premiers secours personnelle et de connaître les techniques de base des premiers secours, car l'accès aux installations médicales peut être limité dans les zones rurales. Vous vous sentirez peut-être plus à l'aise en sachant que l'évacuation et les situations médicales sont couvertes par une assurance voyage.

Vous pouvez véritablement vous immerger dans l'aventure et la beauté des Dolomites en donnant la priorité à votre santé et à votre bien-être. Vous rentrerez chez vous avec bien plus que de simples souvenirs : vous vous sentirez également accompli et en bonne santé.

Chapitre 7 : Suggestions d'itinéraires

Voyage phare de trois jours

Partez pour un voyage de 3 jours dans les Dolomites, une région alpine connue pour ses villages pittoresques, ses prairies verdoyantes et ses sommets imposants.

Jour 1 : Arriver et explorer
Commencez votre aventure à Bolzano, le point d'entrée des Dolomites. Découvrez Ötzi l'homme des glaces au musée archéologique du Tyrol du Sud. Après cela, promenez-vous tranquillement dans le centre de la vieille ville tout en admirant la splendeur gothique de la cathédrale de Bolzano. Dans l'après-midi, dirigez-vous vers la plus grande prairie alpine d'altitude d'Europe, l'Alpe di Siusi, et faites une courte randonnée pour admirer les vues imprenables.

Jour 2 : Randonnées et routes panoramiques
Faites une belle promenade à travers le Gardena Pass pour commencer votre journée, en vous arrêtant à plusieurs endroits pour admirer les vues incroyables. Après votre arrivée au village pittoresque d'Ortisei, prenez le téléphérique jusqu'à Seceda et embarquez pour une ascension par la célèbre ligne de crête. Vous serez impressionné par les vues imprenables sur les Dolomites. Retournez à Ortisei et dégustez un repas typiquement tyrolien.

Troisième jour : Lac de Braies et départ
Visitez le charmant lac de Braies lors de votre dernier jour, réputé pour ses eaux vert émeraude et sa vue imprenable sur la Croda del Becco. Pour un point de vue alternatif, louez une barque ou promenez-vous tranquillement autour du lac. Rendez-vous à Cortina d'Ampezzo, une station balnéaire élégante, idéale pour un dernier dîner avant de partir, pour conclure vos vacances.

Programme d'aventure de sept jours

Une excursion de 7 jours dans les Dolomites offre l'équilibre idéal entre randonnée, escalade et exploration en plein air pour ceux qui recherchent l'excitation.

Jour 1 : Arrivée à Cortina d'Ampezzo

Une fois arrivé à Cortina d'Ampezzo, installez-vous à votre hébergement, puis faites le tour de la ville. Pour faire le plein d'articles de dernière minute pour votre voyage, visitez les magasins locaux.

Jour 2 : Randonnée Tre Cime di Lavaredo

Faites une randonnée autour des célèbres Tre Cime di Lavaredo pour commencer. Le sentier en boucle convient à différents niveaux de compétence et offre des vues à couper le souffle sur ces sommets imposants.

Jour 3 : Voyage à travers la Ferrata

Pensez à emprunter une via ferrata, qui est une voie d'ascension sûre avec des échelles fixes, des cordes et des ponts. En raison de ses vues imprenables et de sa valeur historique, le sentier Ivano Dibona est un choix populaire.

Jour 4 : Faire du vélo sur la Sella Ronda Terminez une boucle qui traverse quatre cols à vélo. Dans l'une des villes voisines, louez un vélo et préparez-vous pour une balade à la fois passionnante et exigeante.

Jour 5 : Saut en parachute à Val Gardena
Faites une excursion en parapente à Val Gardena. Admirez les Dolomites d'en haut en survolant les vallées.

Jour 6 : Arco Escalade
Visitez le site d'escalade bien connu d'Arco. Parcourez une variété de voies d'escalade tout au long de la journée, adaptées à différents degrés de capacité.

Jour 7 : Détente et départ

Avant de partir, détendez-vous dans l'un des spas du quartier après une semaine riche en aventures. Savourez votre dernier déjeuner à Bolzano tout en repensant à vos aventures palpitantes.

Programme de voyage familial

Des petits enfants aux grands-parents, un programme familial dans les Dolomites garantit que chacun apprécie les paysages et les activités à couper le souffle.

Jour 1 : Découvrir Bolzano
Une fois à Bolzano, emmenez les jeunes voir Ötzi l'homme des glaces au musée archéologique du Tyrol du Sud. Partez flâner dans le centre-ville et dînez en famille dans un restaurant voisin.

Jour 2 : À la découverte de l'Alpe de Siusi
Pour une journée de randonnée modérée adaptée à tous les âges, rendez-vous à l'Alpe di Siusi. Il y a beaucoup d'espace pour que les enfants puissent courir et explorer les prairies.

Amusement au lac Carezza le troisième jour
Faites un voyage au lac Carezza, surnommé le « lac arc-en-ciel ». Les sentiers environnants sont parfaits pour une promenade tranquille et les eaux claires et colorées sont idéales pour les portraits de famille.

Jour 4 : Parc Aventure Colfosco
Faites une excursion d'une journée au parc aventure de Colfosco, qui propose des tyroliennes et des parcours de corde pour enfants et adultes. C'est une façon amusante pour toute la famille de profiter du plein air.

Jour 5 : Voir l'Ortisei
Découvrez Ortisei, un hameau pittoresque. Prenez une glace, parcourez les magasins du quartier et prenez le téléphérique jusqu'à Seceda pour une vue à couper le souffle.

Jour 6 : Tour à vélo du Val di Funes
Profitez des itinéraires familiaux du Val di Funes en louant des vélos. C'est un passe-temps idéal

pour tous les âges en raison de la beauté des paysages et des pentes douces.

Jour 7 : Quittez la région de Cortina d'Ampezzo

Rendez-vous à Cortina d'Ampezzo lors de votre dernier jour de voyage. Avant de rentrer chez vous, prenez un petit-déjeuner tranquille et faites le tour de la ville.

Planifiez une escapade romantique

Les Dolomites offrent des paysages à couper le souffle, des activités exclusives et un hébergement confortable, ce qui en fait le cadre idéal pour une retraite romantique.

Jour 1 : Arrivée et coucher du soleil sur l'Alpe di Siusi

Une fois arrivé à Bolzano, continuez vers l'Alpe di Siusi. Après votre arrivée dans une charmante station de montagne, promenez-vous au crépuscule et dînez aux chandelles.

Jour 2 : Détente au Lac de Braies

Faites une excursion d'une journée au lac de Braies. Pique-niquez au bord du lac et louez une chaloupe pour une expérience tranquille sur les eaux émeraude.

Jour 3 : Journée au spa et route panoramique
Faites de beaux arrêts en cours de route en traversant le col Gardena. Offrez-vous des soins en couple dans un spa de Val Gardena pendant l'après-midi.

Jour 4 : Dîner gastronomique à Cortina d'Ampezzo
Visitez Cortina d'Ampezzo et faites le tour de la communauté. Savourez un somptueux dîner dans l'un des établissements de restauration haut de gamme de la ville en soirée.

Jour 5 : Dégustation de vins et randonnée
Trekking dans la région des Cinque Torri, réputée pour ses formations karstiques saisissantes. Visitez un vignoble voisin pour une dégustation dans l'après-midi.

Jour 6 : Aventure en parapente
Visitez Val Gardena et partez en parapente ensemble pour une aventure unique. Admirez des paysages à couper le souffle en survolant les vallées.

Jour 7 : Départ
Profitez d'un petit-déjeuner tranquille et d'une promenade d'adieu dans Cortina d'Ampezzo le dernier jour avant de partir.

Semaine d'immersion culturelle

Découvrez l'histoire, les coutumes et la cuisine régionale au cours d'un programme d'une semaine conçu pour vous immerger pleinement dans le riche patrimoine culturel des Dolomites.

Jour 1 : Découvrir Bolzano
Après votre arrivée à Bolzano, découvrez-en davantage sur Ötzi l'homme des glaces en vous rendant au musée archéologique du Tyrol du Sud. Promenez-vous dans le centre-ville et mangez dans un restaurant typique.

Jour 2 : découverte de Castelrotto
Visitez Castelrotto, une communauté pittoresque réputée pour son architecture tyrolienne authentique. Pour découvrir l'histoire du quartier, arrêtez-vous au musée et à l'église à proximité.

Jour 3 : Promenade culturelle Val Gardena
Explorez l'artisanat traditionnel comme la sculpture sur bois et la fabrication de dentelle en rendant visite à des artisans locaux lors d'une promenade culturelle à travers Val Gardena.

Jour 4 : Visite culinaire d'Ortisei
Faites une excursion d'une journée à Ortisei et savourez la cuisine locale. Suivez un cours de cuisine pour découvrir des plats traditionnels et visitez une ferme pour assister à la production de fromage et de speck.

Jour 5 : Musique et danse de Canazei
Visitez Canazei pour admirer la musique et la danse de la région. Assistez à un spectacle folklorique et apprenez quelques mouvements de danse traditionnelle.

Jour 6 : Histoire de Cortina d'Ampezzo
Explorez les sites historiques de Cortina d'Ampezzo, tels que le musée en plein air de la Première Guerre mondiale. Découvrez comment la région a figuré pendant la Grande Guerre.

Jour 7 : Départ
Profitez d'un petit-déjeuner tranquille et d'une dernière promenade dans Bolzano le dernier jour avant de partir.

Ces itinéraires garantissent un voyage exceptionnel en offrant une variété d'expériences dans les Dolomites pour répondre à un large éventail d'intérêts.

Chapitre 8 : Événements et festivals

Célébrations et coutumes saisonnières

Les Dolomites, nichées dans les Alpes du nord de l'Italie, abritent un large éventail de célébrations et de coutumes saisonnières qui honorent la beauté naturelle abondante et le riche héritage culturel de la région. Les marchés de Noël prennent vie en hiver, lorsque des stands vendant des produits produits localement et des objets artisanaux sont installés dans des villes comme Bolzano et Bressanone, ornés de lumières festives. Organisé dans la vallée de Fassa, le Carnaval des Ladins rend hommage à la culture ladine distinctive avec des défilés, des porteurs de masques traditionnels et des spectacles culturels.

Pâques est célébrée dans les Dolomites au printemps, lorsque des événements religieux et des processions ont lieu dans les villages locaux. Un autre point fort est la coutume du « Klos » de décembre, dans laquelle des hommes habillés en Saint-Nicolas et en Krampus visitent les maisons, signifiant le conflit entre le bien et le mal. Les célébrations estivales honorant Saint Jean-Baptiste comprennent des coutumes remontant à des milliers d'années, des feux de joie et des assemblées publiques, comme la Festa di San Giovanni de juin.

L'automne apporte avec elle la tradition de Törggelen, en particulier dans le Tyrol du Sud, lorsque les habitants et les invités savourent des repas copieux dans des fermes rustiques, accompagnés de vin nouveau et de châtaignes grillées. Ces célébrations et coutumes offrent un aperçu complet des traditions et du mode de vie des Dolomites, offrant une expérience culturelle vivante tout au long de l'année.

Événements mettant en vedette la musique et l'art

Les artistes et les spectateurs du monde entier sont attirés par les Dolomites car elles offrent un cadre passionnant à une gamme variée d'activités musicales et artistiques. Un festival d'été annuel appelé Sounds of the Dolomites est une occasion unique où des artistes donnent des concerts en plein air au milieu de vues à couper le souffle sur les montagnes. Ce festival combine les musiques du monde avec le jazz et la musique classique, résultant en une fusion agréable des deux médiums.

Outre les événements musicaux, la région accueille de nombreuses expositions d'art et ateliers. Organisée à Ortisei, la Biennale Gherdëina présente l'art contemporain en mettant l'accent sur des sujets environnementaux et d'histoire naturelle. Les amateurs d'art peuvent explorer plusieurs médias, tels que la peinture, la sculpture et l'art numérique, présentés par des artistes émergents et chevronnés.

Des événements annuels à plus petite échelle comme des foires d'art, des pièces de théâtre et des concerts de village ajoutent au paysage culturel dynamique de la région. Les Dolomites sont un endroit privilégié pour les amateurs d'art et de musique en raison de la façon dont les paysages à couper le souffle et l'expression artistique interagissent.

Événements sportifs

Les Dolomites sont un lieu idéal pour une variété d'événements sportifs en raison de leur environnement préservé et de leur terrain accidenté. Avec des compétitions comme la Marcialonga, une course de ski de fond réputée qui attire des concurrents du monde entier, les sports d'hiver prédominent. Les plus grands skieurs du monde s'affrontent sur les pistes difficiles des Dolomites lors des étapes de la Coupe du monde de ski alpin.

Pendant les mois les plus chauds, les coureurs, grimpeurs et cyclistes se retrouvent dans une aire de jeux. La célèbre compétition de cyclisme sur route Maratona Dolomites emmène les concurrents sur certains des parcours les plus époustouflants et les plus difficiles des Alpes. La Dolomites SkyRace offre aux coureurs de trail un défi exaltant et des vues incroyables.

D'autres événements remarquables sont le Sellaronda Skimarathon, une course de VTT d'endurance et de test d'habileté organisée sous les étoiles. Ces événements sportifs mettent en valeur l'habileté des concurrents ainsi que la beauté naturelle et le terrain varié des Dolomites.

Fêtes du vin et de la gastronomie

De nombreux événements gastronomiques et œnologiques honorent les riches traditions culinaires des Dolomites et donnent un avant-goût du riche passé culinaire de la région. Organisé à Santa Maddalena, le Südtiroler Speckfest est une célébration très appréciée qui honore le jambon fumé régional connu sous le nom de speck. Devant les magnifiques Dolomites, les clients peuvent profiter de dégustations, de démonstrations culinaires et de musique live.

Des événements tels que le Sommet du vin de l'Alto Adige, où les vignerons régionaux présentent leurs meilleures sélections, séduiront les amateurs de vin. Pendant plusieurs semaines au printemps, des dégustations de vins, des visites de vignobles et des accords mets sont organisés au festival Vino in Festa. Découvrez certains des meilleurs vins d'Italie élaborés sur le terroir alpin distinctif lors de ces festivals.

Les amateurs de fromage devraient visiter Branzi pour la Sagra del Formaggio, qui propose une sélection de fromages régionaux. De plus, les célébrations des récoltes d'automne, comme le Kastelruther Spatzenfest, célèbrent l'abondance de la saison en combinant musique, gastronomie et vin. Ces rassemblements mettent en valeur l'offre culinaire variée des Dolomites ainsi que la valeur de la cuisine régionale et des recettes traditionnelles.

Jours fériés et événements annuels

Le calendrier des Dolomites regorge de jours fériés et de festivités annuelles qui honorent la valeur culturelle et historique de la région. La fête de Saint Ambroise, célébrée début décembre et comprenant des rites liturgiques, des défilés et des réunions communautaires, est l'une des célébrations les plus connues.

Les Dolomites accueillent des célébrations en plein air spectaculaires, de la musique et des feux d'artifice le soir du Nouvel An dans des endroits comme Bolzano et Cortina d'Ampezzo. La coutume "Befana", qui célèbre l'Épiphanie le 6 janvier, implique un personnage ressemblant à une sorcière offrant des cadeaux aux enfants à la manière du Père Noël.

La fête du Travail est célébrée le 1er mai avec des défilés et des discours politiques ; le 2 juin, la Fête de la République italienne est célébrée avec une variété d'événements et de célébrations connus sous le nom de Festa della Repubblica. Ferragosto, ou 15 août, est une célébration importante originaire de la Rome antique et célébrée par des fêtes, des feux d'artifice et des activités de plein air.

Les Dolomites organisent également des fêtes religieuses annuelles, des foires régionales et des reconstitutions historiques qui donnent un aperçu du passé et du présent de la région. Ces événements annuels et jours fériés favorisent la cohésion communautaire et offrent aux touristes une meilleure connaissance du paysage culturel distinctif des Dolomites.

Chapitre 9 : Connexion avec la nature

Les Dolomites, nichées dans le nord de l'Italie, offrent l'occasion de découvrir pleinement la majesté d'une nature inégalée. Cette région, qui abrite des lacs tranquilles, de larges vallées et des sommets escarpés, est un paradis pour les amateurs d'aventure. Préparez-vous pour une aventure incroyable, qu'il s'agisse de randonnée, d'escalade ou simplement de plongée dans des paysages magnifiques.

La randonnée est l'une des meilleures méthodes pour entrer en contact avec l'environnement naturel local. Certains des paysages les plus époustouflants peuvent être atteints par des sentiers comme l'Alta par 1 et 2, qui serpentent à travers des forêts verdoyantes, des ruisseaux scintillants et des vues imprenables. Ces sentiers conviennent aux marcheurs de tous niveaux, des novices aux voyageurs expérimentés.

L'escalade est populaire parmi les personnes à la recherche d'une connexion plus audacieuse. Les grimpeurs de tous niveaux peuvent trouver toute une série de défis dans les formations calcaires distinctives des Dolomites. Même les débutants peuvent accéder à des itinéraires comme la Via Ferrata, qui offrent des ascensions exaltantes avec la sécurité supplémentaire de câbles sécurisés.

En plus de pratiquer des activités physiques, le simple fait de passer du temps dans le cadre paisible de la région peut avoir un effet profondément curatif. Une sensation de calme et de bien-être peut être ressentie par la vue des fleurs sauvages en fleurs, le chant des oiseaux et l'air pur de la montagne. Il existe de nombreuses façons d'être en contact avec la nature lors de la visite des Dolomites, que ce soit à pied, à vélo ou en téléphérique.

Réserves naturelles et parcs nationaux

De nombreux parcs nationaux et réserves naturelles se trouvent dans les Dolomites, chacun avec ses propres écosystèmes et paysages à découvrir. Par exemple, le parc national des Dolomiti Bellunesi, qui s'étend sur près de 32 000 acres, est réputé pour ses sommets escarpés, ses vallées profondes et sa flore et sa faune diversifiées.

La plus grande zone protégée du Trentin, le Parco Naturale Adamello Brenta, est un autre endroit remarquable. Ce parc abrite des espèces comme l'ours brun et l'aigle royal et offre une étonnante diversité d'écosystèmes, des forêts profondes aux prairies alpines. La randonnée, l'observation de la faune et les visites guidées offrant un aperçu du patrimoine naturel et culturel du parc ne sont que quelques-unes des activités proposées aux visiteurs.

Le parc naturel Puez-Odle du Tyrol du Sud est réputé pour ses paysages à couper le souffle, qui comprennent les impressionnants sommets d'Odle. Les familles et les randonneurs experts peuvent profiter des nombreux itinéraires du parc, conçus pour s'adapter à différents niveaux de compétence. Des informations importantes concernant la géologie, la végétation et la faune de la région peuvent être trouvées dans les sentiers pédagogiques et les centres touristiques.

La préservation de l'environnement naturel distinctif des Dolomites est grandement facilitée par ces parcs et réserves. En plus d'encourager des modes de déplacement respectueux de l'environnement qui préservent ces espaces naturels pour les générations futures, ils offrent aux touristes la possibilité de profiter de la beauté et de la diversité naturelles de la région.

Observer la faune

Observer la faune des Dolomites est une expérience merveilleuse qui donne un aperçu de la vaste biodiversité de la région. De nombreuses espèces, notamment des insectes, des amphibiens, des oiseaux et des mammifères, vivent dans la diversité des environnements de la région. Voir ces animaux dans leur habitat d'origine permet de mieux comprendre la complexité écologique de la région.

Souvent aperçue dans les prairies alpines, la marmotte est l'une des créatures les plus reconnaissables des Dolomites. Ces rongeurs attachants sont connus pour leur allure vive et leurs cris sifflants. Le chamois, une sorte de chèvre de montagne capable de parcourir les terrains escarpés avec une agilité étonnante, est un autre animal remarquable.

Les ornithologues amateurs adoreront particulièrement les Dolomites. De nombreuses espèces d'oiseaux peuvent être trouvées dans la région, parmi lesquelles le magnifique aigle royal, qui vole au-dessus des collines. Les altitudes plus élevées et les bois abritent d'autres espèces, comme le pic noir et le crave alpin.

Les Dolomites offrent la possibilité d'observer des cerfs élaphes et des chevreuils, surtout dans les régions les plus tranquilles et isolées, pour ceux qui s'intéressent aux espèces plus grandes. Dans le cadre des efforts de conservation, des lynx et des ours bruns ont été réintroduits dans la région, et des observateurs chanceux peuvent occasionnellement en apercevoir un.

Il existe des visites guidées de la faune qui offrent des connaissances professionnelles et augmentent les chances de rencontres réussies. L'ensemble de l'expérience est enrichi par le fait que ces voyages contiennent souvent des informations sur les habitats et le comportement des animaux.

Vie végétale et animale dans les Dolomites

Les écosystèmes et microclimats variés des Dolomites contribuent à leur incroyable diversité de flore et de faune. Avec plus de 1 500 espèces de plantes, dont beaucoup sont rares et indigènes, cette région est un véritable trésor botanique.

En été, des fleurs sauvages éclatantes égayent les prairies alpines des Dolomites. Des plantes comme les asters alpins, les gentianes et l'edelweiss tissent une tapisserie vibrante qui attire à la fois les amoureux de la nature et les photographes. De plus, une large gamme d'herbes et de plantes poussent dans ces prairies, servant d'habitats vitaux à une multitude d'insectes et de petits mammifères.

Les forêts des Dolomites sont principalement constituées de conifères, comme les pins, les mélèzes et les épicéas. Une grande variété d'espèces, notamment des hiboux, des pics, des renards et des cerfs, peuvent être trouvées dans ces forêts. La richesse écologique de la forêt est renforcée par l'abondance de fougères, de mousses et d'autres champignons qui poussent dans le sous-étage.

La zone alpine, plus élevée, abrite des plantes rustiques capables de résister aux intempéries. Les saxifrages et les silènes, qui sont des plantes en coussin, s'accrochent aux crevasses rocheuses, et les rhododendrons alpins apportent des teintes roses et écarlates à la scène. De plus, des animaux rares comme le bouquetin des Alpes, qui se nourrissent d'une flore rare, peuvent être trouvés dans cette zone.

Les rivières et les lacs des Dolomites sont tout aussi importants pour la biodiversité. Ces milieux aquatiques fournissent des sources d'eau essentielles aux animaux terrestres et abritent un large éventail de poissons, d'amphibiens et d'invertébrés. Les Dolomites sont un haut lieu de biodiversité car elles abritent à la fois des habitats aquatiques et terrestres.

Possibilités d'écotourisme

En plus d'encourager la conservation et les voyages respectueux de l'environnement, l'écotourisme dans les Dolomites donne aux touristes la possibilité de profiter d'un environnement naturel à couper le souffle. L'approche du tourisme susmentionnée met fortement l'accent sur l'éducation, le soutien communautaire et la minimisation des effets environnementaux.

La randonnée durable est une activité écotouristique très appréciée dans les Dolomites. Afin de réduire leurs effets négatifs sur l'environnement, de nombreux sentiers sont construits selon la philosophie Leave No Trace. La randonnée est rendue plus agréable grâce aux éco-visites guidées, qui offrent un aperçu de l'écologie et des initiatives de conservation de la région.

Les alternatives d'hébergement dans les Dolomites sont conformes aux principes de l'écotourisme. De nombreux hôtels et lodges se sont engagés à prendre des mesures de développement durable, comme acheter de la nourriture localement, réduire les déchets et utiliser des énergies renouvelables. Les clients peuvent aider les entreprises soucieuses de l'environnement en séjournant dans ces propriétés respectueuses de l'environnement.

Observer la faune tout en respectant ses habitats et ses comportements est une autre facette de l'écotourisme. Les guides experts veillent à ce que les interactions avec les animaux soient sécurisées et non intrusives tout en transmettant des connaissances sur l'espèce et la valeur de la conservation.

Une autre méthode respectueuse de l'environnement pour visiter les Dolomites est le vélo. Il existe plusieurs pistes cyclables dans la région qui offrent une option plus écologique que la conduite automobile. La location de vélos électriques permet à davantage de touristes d'admirer des paysages à couper le souffle en leur permettant de voyager plus loin sans dépenser trop d'énergie.

Participer à des initiatives de conservation est une approche distinctive pour interagir avec l'écotourisme. Les programmes de volontariat offrent des opportunités pratiques d'observation de la faune, de restauration de l'habitat et d'éducation environnementale. Ces initiatives renforcent les liens avec la région tout en contribuant à la préservation des Dolomites.

Activités de préservation

Les paysages distinctifs et la faune des Dolomites dépendent fortement des initiatives de conservation. Afin de préserver cette beauté naturelle pour les générations futures, un certain nombre de projets se concentrent sur la préservation de l'habitat, la conservation des espèces et un tourisme respectueux de l'environnement.

La création de lieux protégés, tels que des parcs nationaux et des réserves naturelles, est une stratégie de conservation cruciale. Ces lieux font office de sanctuaires pour diverses espèces végétales et animales, les protégeant du développement et de l'intrusion humaine. Au sein de ces zones, des règles strictes contribuent à préserver l'équilibre biologique et à stopper la destruction de l'habitat.

Les programmes de réintroduction d'espèces menacées ont réussi à augmenter leur nombre. Dans les Dolomites, la réintroduction de l'ours brun et du lynx, par exemple, s'est avérée efficace. Afin de garantir la réussite de la réintégration des espèces dans leur environnement d'origine, ces projets nécessitent une observation et une gestion méticuleuses.

Des projets de restauration de l'habitat sont également entrepris par des organisations de conservation. Les projets de reforestation dans les régions touchées par les incendies de forêt ou la déforestation sont des exemples des efforts déployés par ces organisations pour restaurer les paysages dégradés. La restauration des habitats naturels favorise les services écosystémiques qui sont vitaux pour les communautés humaines ainsi que pour la faune et contribue à préserver la biodiversité.

Afin de trouver un équilibre entre les exigences des touristes et l'environnement, les activités de tourisme durable sont encouragées. Les campagnes d'éducation attirent l'attention sur la valeur de la conservation et motivent les voyageurs à agir de manière responsable. Des programmes tels que « Tourism for Future » favorisent les voyages respectueux de l'environnement et aident les entreprises qui suivent des procédures respectueuses de l'environnement.

Un élément essentiel des efforts de conservation est la participation de la communauté. Les communautés locales travaillent sur une variété de programmes, allant de la restauration de l'habitat à la surveillance des animaux. Donner aux habitants les outils dont ils ont besoin pour participer activement à la conservation favorise la gestion et garantit que les initiatives sont durables d'un point de vue culturel et social.

Pour une conservation efficace, la recherche et l'observation sont cruciales. Des recherches constantes sur les effets du changement climatique, le comportement des espèces et la santé des écosystèmes fournissent des informations importantes qui guident les tactiques de conservation. Les partenariats entre scientifiques, défenseurs de l'environnement et législateurs facilitent le développement de stratégies de gestion adaptative qui s'attaquent à de nouveaux problèmes.

En résumé, les Dolomites abritent diverses initiatives de conservation, notamment la recherche, la participation communautaire, les zones protégées, la restauration des habitats, la réintroduction d'espèces et le tourisme durable. Tous ces projets contribuent à protéger le patrimoine naturel du territoire afin que les générations futures puissent en profiter.

Chapitre 10 : Ressources supplémentaires

Paradis pour les amoureux de la nature, les aventuriers et les amateurs de plein air, les Dolomites sont classées au patrimoine mondial de l'UNESCO. Voici quelques ressources supplémentaires auxquelles réfléchir afin de tirer le meilleur parti de votre visite :

Visites et guides locaux : faire appel à un guide local peut améliorer votre voyage en vous donnant une connaissance privilégiée de la beauté naturelle, de l'histoire et de la culture des Dolomites. Des entreprises telles que Guide Dolomiti et Dolomite Mountains proposent une gamme de forfaits touristiques comprenant le ski, la randonnée et l'escalade.

Centres d'accueil : pour des informations complètes sur les conditions de ski et les cartes des itinéraires, visitez le bureau des forfaits Dolomiti SuperSki, situé dans des villes importantes comme Cortina d'Ampezzo. De plus, les offices de tourisme de Trente et de Bolzano proposent des cartes, des brochures et des conseils personnalisés.

Institutions culturelles : le riche héritage culturel et historique de la région est exposé dans des musées comme le musée ladin de San Martino in Badia et le musée de la montagne Messner à Bolzano. Ils offrent un regard approfondi sur l'histoire de l'alpinisme et les coutumes régionales.

Parcs nationaux : Le Parco Naturale Dolomiti Friulane et le Parco Naturale Paneveggio sont deux des parcs nationaux situés dans les Dolomites. Pour améliorer l'expérience des visiteurs, ces parcs proposent des sentiers pédagogiques, des centres d'information et des activités dirigées par des gardes forestiers.

Services de transport : le système ferroviaire Trenitalia et le service de bus Dolomiti sont essentiels pour se déplacer dans la région. Ils assurent des transitions fluides entre les différentes villes et attractions en fournissant des itinéraires et des informations sur la billetterie.

Services d'urgence : Familiarisez-vous avec vos services d'urgence locaux pour votre propre protection. La principale agence de secours en montagne est le Corps italien de secours en montagne (CNSAS). En cas d'urgence ou d'accident, leur action rapide peut sauver des vies.

Prévisions météorologiques : En montagne, des informations météorologiques précises sont essentielles. Vous pouvez organiser vos activités en toute sécurité en utilisant des sites Web comme Meteo Dolomiti et des applications comme Mountain Weather Europe, qui proposent des prévisions et des alertes précises.

Hébergement : Booking.com et Airbnb sont deux sites Web qui proposent un large choix d'hébergements, allant des hôtels somptueux aux chalets de montagne pittoresques. En plus d'offrir des informations détaillées sur les voyages, plusieurs hôtels de la région organisent également des excursions.

Blogs et forums de voyage : la participation à des communautés de voyage en ligne sur des sites comme TripAdvisor et Thorn Tree de Lonely Planet peut générer des témoignages et des suggestions de première main, vous permettant de trouver des trésors non découverts et d'éviter les erreurs typiques.

En utilisant ces ressources, vous pouvez être sûr que votre voyage dans les Dolomites satisfera toutes vos exigences de voyage et sera à la fois agréable et complet.

Numéros et sites Web pratiques

Avoir des contacts et des sites Web fiables à votre disposition peut faire une grande différence dans la façon dont vous appréciez votre voyage dans les Dolomites. Il s'agit d'une liste exhaustive :

Informations de voyage : Visitez les Dolomites (visitdolomites.com), le site Web officiel du tourisme des Dolomites, propose une multitude d'informations, notamment des guides de voyage, des choix d'hébergement et des listes d'événements. Des brochures et des conseils en personne sont proposés par les offices de tourisme locaux de Trente, Cortina d'Ampezzo et Bolzano.

Réservations d'hébergement : des sites Web comme Booking.com et Airbnb proposent une variété de choix, allant des hôtels somptueux aux appartements à des prix raisonnables. Les séjours à la ferme sont le domaine d'expertise de l'Agriturismo, offrant un aperçu singulier de la vie rurale des Dolomites.

Services de transport : pour les voyages en Italie, Trenitalia (trenitalia.com) propose des horaires de train et l'achat de billets. Pour le transport local, le service Dolomiti Bus (dolomitibus.it) propose des itinéraires et des horaires. Les grandes villes abritent des bureaux de location de voitures Avis et Europcar.

Activités et visites guidées : Guide Dolomiti (guidedolomiti.com) et Dolomites Mountains (dolomitemountains.com) proposent une gamme de visites guidées, qui comprennent des excursions culturelles, des randonnées et de l'escalade. Pour plus d'informations sur les forfaits et les cartes d'itinéraire, visitez Dolomiti SuperSki (dolomitisuperski.com) pour le ski.

Services d'urgence : le 112 est le numéro d'urgence en Italie. Le Corps Italien de Secours en Montagne (CNSAS) peut être contacté au 118 pour les secours en montagne. Les branches locales de la Croix-Rouge italienne peuvent être contactées pour obtenir une aide médicale.

Prévisions météorologiques : lorsque vous planifiez des activités de plein air, des informations météorologiques précises sont essentielles. Des prévisions et des avis météorologiques précis sont disponibles sur Meteo Dolomiti (dolomiti.it) et sur l'application Mountain Weather Europe.

Institutions dédiées à la culture : Le Musée Ladin (museum ladin.it) et le Musée Messner Mountain (messner-mountain-museum.it) fournissent des informations sur l'histoire et la culture de la région. Ils ont des informations sur les expositions, les coûts des billets et les heures d'ouverture sur leurs sites Web.

Location de matériel de plein air : Sportler (sportler.com) et Rent and Go (rentandgo.it) proposent un large choix de matériel d'escalade, de randonnée et de ski qui peuvent être loués.

Restauration et cuisine : Yelp et TripAdvisor sont deux sites Web qui fournissent des critiques et des suggestions de restaurants et autres restaurants locaux. Slow Food Italie (slowfood.it) propose des restaurants qui soutiennent la cuisine italienne durable et traditionnelle.

Assurance voyage : des plans complets, comprenant une couverture pour les activités de plein air et les frais médicaux d'urgence, sont disponibles auprès de World Nomads (worldnomads.com) et d'Allianz Travel (allianztravelinsurance.com).

Blogs et forums de voyage : vous pouvez obtenir des connaissances et des conseils de première main auprès d'autres voyageurs en participant aux blogs et forums de voyage Thorn Tree sur Lonely Planet. Cela facilitera la planification de votre voyage.

Vous pouvez vous assurer que votre voyage dans les Dolomites est bien planifié et enrichissant en utilisant ces connexions et sites Web, qui répondront à tous vos besoins de voyage.

Étiquette et expressions dans la langue

S'engager dans la culture locale lors d'une visite dans les Dolomites implique d'apprendre une langue et des manières de base. Voici quelques éléments importants à prendre en compte :

Expressions italiennes simples :
"Arrivederci" (au revoir), "Buonasera" (bonsoir), "Ciao" (bonjour/au revoir) et "Buongiorno" (bonjour) sont quelques exemples de salutations. Voici des exemples d'expressions polies : "S'il vous plaît", "Merci", "De rien", "De rien", "Excusez-moi", "Excusez-moi" et "Je suis désolé".
Demander "Dove si trova..." (Où est-il ?), "Quanto costa ?" (Combien ça coûte ?), "Parla inglese ?" (Parlez-vous anglais ?) et "Posso..." (Puis-je avoir ?) sont toutes des questions utiles.

Étiquette à manger : Les Italiens prennent leurs repas très au sérieux, il est donc essentiel d'honorer leurs traditions. Attendez que le personnel vous installe lorsque vous visitez un restaurant. "Buon" signifie "Bon appétit" au début de votre repas. Il est normal de consommer tout ce qui se trouve dans son assiette, car il peut être considéré comme du gaspillage de laisser de la nourriture dessus. Les pourboires sont les bienvenus mais ne sont pas obligatoires ; vous pouvez vous contenter d'arrondir la facture ou de laisser peu de monnaie.

Étiquette sociale : les Italiens sont réputés pour être hospitaliers et amicaux. Il est de coutume de serrer la main lorsque l'on rencontre quelqu'un pour la première fois. Il est de coutume que des amis et des connaissances proches s'embrassent sur la joue. Il est crucial d'arriver à l'heure aux rendez-vous puisque la ponctualité est appréciée.

Les Italiens ont tendance à bien s'habiller, même dans un cadre décontracté. Des vêtements modestes sont attendus dans les lieux de culte, tels que les églises ; les genoux et les épaules doivent être couverts. Tant pour le confort que pour la sécurité, le bon équipement est crucial pour les activités de plein air comme la randonnée.

Étiquette d'achat : la négociation est rare dans les entreprises traditionnelles, mais peut être autorisée sur les marchés. Lorsque vous saluez un commerçant, dites « Buongiorno » ou « Buonasera ». Payer est aussi simple que de remettre votre argent au caissier en personne plutôt que de le déposer sur le comptoir.

Conduite publique : la civilité est importante pour les Italiens. Parler fort et faire du bruit dans les lieux publics sont considérés comme impoli. Il est conseillé d'offrir votre siège aux personnes âgées ou enceintes dans les transports en commun.

Étiquette d'hébergement : il est poli de dire bonjour aux autres clients et au personnel lorsque vous séjournez dans un hôtel ou une maison d'hôtes. Observez les heures calmes, qui sont souvent observées de 22 heures à 7 heures du matin, afin d'offrir une atmosphère calme pour tous.

Sensibilité culturelle : des communautés parlant ladin, allemand et italien coexistent dans les Dolomites. Il est essentiel de reconnaître et d'honorer cette variété linguistique et culturelle. Les habitants apprécieront également que vous connaissiez quelques phrases en ladin.

Vous pouvez naviguer en toute confiance dans les Dolomites et démontrer votre respect pour le mode de vie local en étant conscient de certaines expressions linguistiques fondamentales et de l'étiquette, ce qui améliorera l'ensemble de votre expérience de vacances.

Conseils en espèces et en change

Il est important de connaître la monnaie locale et de bien gérer son argent lors de la visite des Dolomites. Voici quelques conseils cruciaux en matière d'argent et de devises :

Monnaie : L'euro (€) est la monnaie officielle de l'Italie. Les pièces existent en coupures de 1, 2, 5, 10, 20 et 50 centimes ainsi qu'en 1 € et 2 €. Les billets sont disponibles dans les coupures suivantes : 5 €, 10 €, 20 €, 50 €, 100 €, 200 € et 500 €.

Bureau de change : bien que des distributeurs automatiques soient généralement disponibles pour les retraits d'espèces, il est préférable d'échanger des devises avant votre voyage. Les banques, les gares principales et les aéroports proposent tous des services de change. Cependant, c'est une bonne idée de comparer les tarifs, car les frais et les taux de change peuvent changer.

Cartes de crédit et guichets automatiques : Dans toutes les Dolomites, les guichets automatiques (Bancomat) sont largement disponibles dans les villes. Habituellement, ils fournissent des instructions multilingues et acceptent les cartes étrangères. la majorité des établissements,

Plusieurs établissements, notamment des motels, des restaurants et des magasins de détail, acceptent les principales cartes de crédit, notamment American Express, MasterCard et Visa. Il est cependant utile d'avoir sur soi de l'argent liquide, en particulier dans les zones rurales où l'acceptation des cartes peut être limitée ou pour les petits achats.

Horaires des banques : du lundi au vendredi, de 8h30 à 13h30 et de 15h00 à 16h30 sont les heures d'ouverture habituelles des banques italiennes. En règle générale, ils sont fermés le week-end et les jours fériés fédéraux. Des guichets automatiques sont disponibles 24 heures sur 24.

Pourboires : bien qu'ils ne soient pas obligatoires, les pourboires sont appréciés pour l'excellent service en Italie. Des frais de service, ou coperto, sont fréquemment ajoutés à l'addition dans les restaurants. Dans le cas contraire, il est habituel de laisser un pourboire de 5 à 10 % du montant total de la facture. Il est courant que les chauffeurs de taxi arrondissent les tarifs des passagers à l'euro le plus proche. De petits pourboires sont appréciés pour les porteurs et le ménage dans les hôtels.

Budgétisation : les frais de subsistance dans les Dolomites peuvent différer. Manger au restaurant peut être coûteux, en particulier dans les destinations touristiques, mais les trattorias locales proposent des options à des prix plus raisonnables. Il existe plusieurs options d'hébergement, des hôtels somptueux aux auberges abordables et aux refuges de montagne. Organiser et budgétiser à l'avance peut contribuer à une gestion efficace des coûts.

Achats hors taxe : les achats dépassant une valeur spécifique sont éligibles aux achats hors taxe pour les citoyens non européens. Lors de votre achat, demandez un formulaire de détaxe, et lorsque vous êtes prêt à quitter l'UE, présentez-le à l'aéroport avec vos reçus et les articles que vous avez achetés pour récupérer votre TVA.

Conseils de sécurité : assurez-vous toujours que votre argent liquide, vos cartes de crédit et vos documents essentiels sont en sécurité. N'apportez pas beaucoup d'argent liquide et rangez vos objets de valeur dans le coffre-fort de l'hôtel. Pour éviter les escroqueries potentielles, soyez prudent lorsque vous utilisez les guichets automatiques, en particulier la nuit ou dans des endroits éloignés.

Assurance voyage : Il est fortement conseillé de souscrire une assurance voyage qui comprend une couverture pour les urgences médicales, la perte et le vol. Pendant votre voyage, cela peut vous offrir une sécurité financière et une tranquillité d'esprit.

Ces suggestions d'argent et de devises vous aideront à prendre soin de vos finances afin que vous puissiez passer des vacances sans tracas dans les Dolomites.

Informations d'urgence et assurance voyage

Avoir des protocoles d'urgence et une assurance voyage est essentiel lors de la visite des Dolomites. Ce que vous devez savoir pour être en sécurité et préparé est le suivant :

Assurance voyage : Pour tout voyage dans les Dolomites, une assurance voyage complète est requise. Assurez-vous que votre police inclut une couverture pour la perte de bagages, les urgences médicales, les annulations de vacances et les activités de plein air comme l'escalade, le ski et la randonnée. Des sociétés telles que AXA, World Nomads et Allianz Travel proposent des polices d'assurance personnalisées avec une couverture pour les sports d'aventure. Lisez attentivement les détails de la police pour comprendre les exclusions et les limitations de couverture.

Urgences médicales : Pour contacter la police, les pompiers et les services médicaux en cas d'urgence médicale, composez le 112, le numéro d'urgence européen. De nombreux hôpitaux de la région des Dolomites proposent des soins médicaux complets, notamment l'Ospedale di Bolzano et l'Ospedale di Cortina d'Ampezzo. De plus, les pharmacies sont largement distribuées et beaucoup offrent un service 24 heures sur 24.

Sauvetage en montagne : Les opérations de sauvetage en montagne sont gérées par le Corps italien de sauvetage en montagne (CNSAS). Vous pouvez les contacter au 118. Lorsque vous pratiquez des activités de plein air, il est impératif d'avoir avec vous un téléphone portable complètement chargé et d'informer quelqu'un de vos projets. En cas d'urgence, le suivi et la localisation peuvent être facilités en utilisant des applications telles que GeoResQ.

Documents de voyage : assurez-vous de toujours avoir des copies de vos coordonnées d'urgence, de votre passeport et de votre assurance voyage. Il peut également être utile de sauvegarder des versions numériques de ces documents.

Assurez-vous qu'un numéro de téléphone d'urgence 24 heures sur 24 est inclus dans votre police d'assurance.

Points de contact locaux en cas d'urgence :
Policiers : 113
Pompiers : 115
118 urgences médicales
Urgences générales à l'échelle de l'UE : 112

Prise en charge linguistique : Bien que de nombreux résidents des destinations touristiques parlent anglais, connaître quelques mots italiens de base peut s'avérer utile en cas d'urgence. Des mots tels que « Aiuto ! » « Ho bisogno di un dottore » (J'ai besoin d'un médecin), « Aide ! » et « Où se trouve l'hôpital le plus proche ? » En cas d'urgence, demander « Où se trouve l'hôpital le plus proche ? » peut être très utile.

Avertissements météorologiques : La météo dans les Dolomites est sujette à des changements brusques. Utilisez des applications comme Mountain Weather Europe et des sites Web comme Meteo Dolomiti pour rester informé des prévisions météorologiques précises. Il est possible d'éviter les accidents et de garantir des vacances en toute sécurité en suivant les avis météorologiques.

Conseils de sécurité : assurez-vous d'avoir l'équipement approprié et de connaître la zone avant de participer à toute activité de plein air. Pour plus de sécurité lorsque vous pratiquez des activités comme l'escalade ou la randonnée hors sentier, il est recommandé de faire appel à un guide local. Informez toujours une personne de confiance ou votre hébergement de votre horaire de voyage et de l'heure prévue de votre retour.

Assistance juridique : contactez votre ambassade ou votre consulat si vous avez besoin d'une assistance juridique. Ils sont capables d'offrir des orientations et du soutien. Pour les Américains, le consulat américain le plus proche de Milan est le consulat général. Les grandes villes comme Milan et Rome abritent des consulats d'autres pays.

Services d'assistance locaux : en cas d'urgence mineure, les offices de tourisme proposent fréquemment de l'aide et peuvent vous orienter vers les options à proximité. Les grandes villes comme Bolzano et Cortina d'Ampezzo en abritent.

Vous pouvez profiter de votre voyage dans les Dolomites en toute tranquillité d'esprit, sachant que vous êtes équipé pour gérer les problèmes imprévus, si vous êtes préparé avec l'assurance voyage appropriée et les informations d'urgence.

Suggestions supplémentaires de lecture et de médias

Pour améliorer votre compréhension et votre admiration des Dolomites, les livres, articles, documentaires et autres médias suivants sont suggérés :

Des romans:

Le livre de Karl Felix Wolff "Les Dolomites et leurs légendes"** propose une compilation captivante de mythes et d'histoires des Dolomites, offrant un aperçu historique et culturel de la région.

Le livre de Gillian Price "Walking in the Dolomites: 25 Multi-day Routes" est un guide de randonnée complet qui comprend des cartes, des itinéraires détaillés et des conseils utiles pour découvrir les Dolomites à pied.

"Dolomites: A Rock Climbing Guide" de James Rushforth est un incontournable pour tous ceux qui aiment l'escalade. Il comprend des descriptions détaillées et de superbes photos de voies d'escalade bien connues.

Revues et articles :

Le site Web de l'UNESCO contient un article complet intitulé « Sites du patrimoine mondial de l'UNESCO : les Dolomites » qui traite de l'importance des Dolomites en tant que site de l'UNESCO.

L'article du National Geographic "Explorer les merveilles géologiques des Dolomites" explore la géologie particulière et la splendeur des paysages des Dolomites d'un point de vue scientifique et artistique.

L'article de l'Alpine Journal « La flore et la faune des Dolomites » fournit une analyse approfondie de la biodiversité de la région en mettant l'accent sur les espèces indigènes et les initiatives de conservation.

Films et documentaires :

"La Magie des Dolomites" est un documentaire visuellement saisissant qui met en valeur les activités de plein air et la beauté naturelle des Dolomites. accessible sur les services de streaming populaires.

"Messner" est un documentaire biographique qui explore la vie et les réalisations du célèbre alpiniste des Dolomites Reinhold Messner. accessible via un certain nombre de fournisseurs de streaming.

"Montagnes des Dolomites – Le paradis ultime de l'escalade" : Ce film, qui comprend des entretiens avec des grimpeurs et des guides, présente les magnifiques paysages et la culture de l'escalade des Dolomites.

Sites Web et blogs sur les voyages :
Les écrivains de The Planet D : Adventure Dave et Deb discutent de leurs voyages dans les Dolomites tout en offrant des conseils et des connaissances de première main. Leur blog contient de belles photos et des guides de voyage complets.

Alps Insight : une ressource en ligne pour les activités de plein air dans les Dolomites et d'autres régions alpines. Il fournit des descriptions d'itinéraires, des suggestions d'équipement et des récits motivants de voyageurs qui ont beaucoup voyagé.

Blog Cicerone Press : connu pour ses guides, le blog de Cicerone contient des articles d'écrivains et de randonneurs chevronnés sur la randonnée et le trekking dans les Dolomites.

Communautés en ligne et réseaux sociaux :
Instagram : pour des photos étonnantes et des idées de voyage, suivez des comptes comme

@dolomiti_unesco et des hashtags comme #Dolomites.

Rejoignez les sous-reddits Reddit comme r/travel et r/hiking pour obtenir des conversations, des conseils et des recommandations d'autres touristes et amateurs de plein air qui ont visité les Dolomites.

Podcasts :
Les épisodes de « The Adventure Podcast » racontent des histoires et présentent des entretiens avec des voyageurs qui ont découvert les Dolomites, fournissant ainsi des connaissances et des idées pour de futurs voyages.

« Montagne » : les épisodes de ce podcast, axés sur l'escalade, la randonnée et le plein air, couvrent une variété de chaînes de montagnes, dont les Dolomites.

Vous pouvez améliorer votre expérience de voyage et acquérir une compréhension plus approfondie des Dolomites en utilisant ces outils, ce qui rendra votre voyage dans cette région à couper le souffle encore plus intéressant.

Printed in France by Amazon
Brétigny-sur-Orge, FR

21413501R10100